KB244935

취업의 기술

취업의 기술

이정주 지음

머리말

직원들이 아직 아무도 오지 않은 사무실 문을 열면 시계는 7시 30분을 가리킨다. 김포에서 여의도 KBS 방송국 앞 회사 건물까지 걸리는 시간은 보통 30분 정도 이다. 아이 셋을 학교 보내고 직원보다 먼저 와서 회사 문을 열기 위해 나는 새벽 5시부터 하루의 일과를 시작한 것이다.

무엇 때문에 오늘도 코리아 리크루트란 회사의 문을 내가 제일 먼저 열어 놔야 하는가?

컴퓨터를 켜고 커피를 한 모금 마시면, 한 숨 돌릴 사이도 없이 수십만명의 취업준비생들의 다양한 이력서들이 부팅된 컴퓨터에 떠오른다. 그 시간부터 나는 코리아 리크루트 회사의 대표로써 갖는 중압감보다는 100만이 넘는 취업 희망자에게 취업 전문 회사 대표로써 갖는 부담이 더 크다.

내가 저 들을 위해 해줄 수 있는 것이 무엇인가? 고민 아닌 고민에 쌓여보지만 해답은 늘 확실한 게 없다. 다시 창밖을 보면 KBS 방송국을 드나드는 무수한 사람들이 보이고 우리 회사 직원들이 하나 둘 사무실 문을 들어선다.

취업이 무엇이길래… 자기가 일할 수 있는 직장이 있다는 것은 사람에게 긍정적인 마음과 몸에 힘을 준다. 그래서 일까? 방송국을 드나드는 사람들의 걸음이 오늘따라 유난히 가벼워 보여서 좋다.

누구나 꿈꾸는 취업의 문은 언제 열릴 것인가? 아니, 모든 기업들은 취업의 문을 활짝 열어 놓고 기다리고 있다. 그러나 이 나라의 취업준비생들은 갈 곳이 없다고 아우성 아닌아우성을 외친다. 이들에게 가장 좋은 취업의 길을 보장해주지 못하는 선배인 내가 자괴감을 느낄 뿐인 것이다.

그러나 아침 햇살이 눈부신 오전 9시. 직원들의 바쁜 몸놀림에서 나는 새 희망을 걸어본다. 대한민국 취업준비생들이 모두 다 취직되는 그날 까지…

분명 코리아 리크루트 이정주 대표가 할 일은 남아 있으리라고.

그리고 어느 경제학자보다 더 경제를 잘 알고, 대기업의 어느 회장보다 더 취업생의 실력과 능력을 잘 파악하는 전문적인 헤드 헌

터로써 취업준비생들에게 선배이며 친구가 되고 싶은 마음이 간절하다. 그리고 그들에게 말해주고 싶다. 직장을 잡는 것보다 평생의 직업을 갖는 일에 자신을 더 투자하라고…

이 책은 바로 그런 취업준비생들에게 길잡이 역할을 했으면 하는 바람으로 그동안의 방송 출연 원고와 개인적인 글과 리크루트의 자료들을 모아서 엮어 보았다.

2007년 10월 사무실에서

이정주〔코리아 리크루트(주) 대표이사〕 드림

목차

02 나를 팔아 직장을 사라 – 이정주의 취업 제안

06 뒷마당

칠전팔기, 못오를 나무 없다

1. 준비없는 학생들이 취업에 실패한다

취업이 잘 안 되는 학생들은 나름대로의 특징이 있다. 필자가 컨설팅 해 준 학생은 몇 번이나 방향을 바꿔 가며 취업을 시도하다가 실패하여 인생을 자칫 포기해버릴 뻔한 경우였다.

모 일류대학 기계공학과를 입학한 이 학생은 학교에 입학해 보고서는 전공을 잘못 선택한 것을 알게 되었다. 공부 잘 하는 학생들은 대부분 특별한 것 한 가지를 잘 하기 때문에 뭣 하나 더 특별하게 잘 하는 것을 골라내지 못하는 경우가 자주 있다. 이 학생도 자신의 적성과 흥미를 고려하지 못한채 점수와 주위의 권유로 대학에 진학

해버린 것이었다. 부친이 취직이 잘 된다고 권한 기계공학과에 들어가서 공부했는데 막상 입학 후에 수학이 자신의 적성에 맞지 않는다는 것을 비로소 알게 되었다. 그래서 1학년 때 전공을 바꾸어 경영학과에 가려고 반수(재학하면서 진학 공부를 별도로 하는 것)를 했는데 떨어지고 말았다. 그러니 1, 2학년 성적이 엉망이 되고 만 것이다. 어느 새 3, 4학년이 되고 나니 전공에 흥미도 없고 성적이 안 되어 취직도 못하고 실망한 상태로 있었다. 토익도 900점이 넘고 컴퓨터 실력도 대단히 좋은데 취업이 안 되는 이상한 일이 계속된 것이다. 부모가 보고 있으려니 딱해서 '경력이 있어야 취업이 된다'는 뉴스보도를 믿고 영어도 잘하고 하니 기왕이면 외국기업에서 경력을 쌓는 것이 좋겠다 싶어 이 학생을 해외로 인턴 생활을 하라고 보냈다.

그러나 인턴은 그야말로 인턴일뿐, 외국학생이 목표가 없이 외국기업에서 인턴생활을 한다는 것은 너무나도 막연하고 불안해서 8개월 만에 귀국하여 구직활동을 했지만 계속되는 낙방. 준비없는 상태에서는 어느 것 하나 제대로 되는 것이 없었던 것이다.

이 사람의 경우, 타고난 머리도 있고 학력도 좋아서 다시 공무원 시험 준비를 했는데 이 역시 엉망이 되고 말았다. 서류전형까지 통과했는데, 면접을 보러 가면 머릿속이 하얗게 되어 오늘 밥을 뭘 먹었는지, 뭘 타고 왔는지를 물어봐도 대답을 못 했다는 것이다. 계속되는 시험 노이로제, 자신감 결여, 마음 속에 쌓이는 울화 등이 사람을 바보로 만드는 법이다.

그는 많은 방황의 경험을 통해 이제 다시 태어나고 있다. 그가 필자와 네트워크가 닿아서 결국 여러 번의 상담을 통해 문제점을 알게 되었다. 필자는 약점을 교정하는 것보다 그가 가지고 있는 강점을 찾아주고 강화시켜 나갔다. 자연스레 자신감이 생겨나면서 그는 새로운 사람으로 태어나게 되었다.

지금 그는 아주 열심히 직장 생활을 하고 있고 직장에서도 큰일을 맡게 될 인물로 주목받고 있다. 그가 이처럼 제자리를 잡기 위해 얼마나 멀리 돌았는지를 생각해 보라. 준비없이 잘못 시작하면 이처럼 돌아가게 되거나 실패하고 말 것이다.

2. 취업하는 이들에겐 뭔가 특별한 것이 있다

붙을 때까지 오르고 또 오르면 못 오를리 없다. 세 가지 길에 의하여 우리는 진리에 도달할 수가 있다. 그 첫째는 사색에 의해서이다. 이것은 가장 높은 길이다. 둘째는 모방에 의해서이다. 이것은 가장 쉬운 길이다. 그리고 셋째는 경험에 의해서이다. 이것은 가장 고통스러운 길이다. – 공자 –

우리는 인생이라는 긴 여정 속에 수없이 많은 새로운 길을 만날 것이다. 그 갈래 길마다 우리는 안전이냐 도전이냐를 고민한다. 그리고 제각각 인생관에 맞는 길을 선택할 것이다. 그렇다면 첫걸음을 어떤 길부터 시작하는 것이 좋을까.

필자는 리크루트 인재개발연구소를 통해 얻은 숱한 경험과 노하우를 통해 취업이라는 길 위에서 서성이는 사람들에게 선배가 건너간 안전한 길, '모방의 길'을 먼저 제시하고자 한다. 불확실한 취업시장에서 모험이나 도전의 길은 너무 많은 상처를 내고 돌고 돌아서 가는 길이기 때문이다.

어떤 길에서는 사색과 경험이 필요할 지도 모른다. 하지만 취업성공이라는 지뢰밭을 안전하게 지나간 선배들의 발걸음을 또박또박 되밟아 가는 것도 한 방법이다. 금융, 전자, 식품, 유통, IT업종에서 '칠전팔기' 도전에 성공한 선배들의 취업 발자취를 따라가 보자.

다음 예화에 등장하는 인물과 기업은 실제 인물의 사례지만, 프라이버시 보호를 위해 가명 처리한 것입니다(편집자 주).

1) 금융 – 김장훈 H은행 서초중앙점 사원

준비된 자에게만 승리의 기쁨이 온다

C대학 무역학과를 졸업한 김장훈씨(28)는 취업을 하기 위해 30군데 이상의 회사에 이력서를 냈다. 대부분이 금융권이는데, 그 해 1월 마침내 H은행에 입사했다.

"제가 H은행에 입사할 수 있었던 것은 금융권에 끊임없이 원서를 내면서 쌓은 제 나름의 취업 노하우 때문입니다."

그가 H은행에 입사시험을 볼 당시 8천 명이 지원했으나 당시 H은행에 입사한 사람은 24명이었고 이중 지방대 합격자는 4명뿐이었다. 김장훈씨가 지방대생이라는 선입견을 불식시키고 H은행에 합격할 수 있었던 이유는 무엇일까.

"유학을 준비하면서 토플 점수를 4학년 때 높게 받아뒀던 점이 유리했습니다. 군대에서 훈련병을 가르치는 조교로 활동했던 점도 다른 지원자들과 차별화된 요소였다고 생각합니다."

그는 이미 군대시절 몇 천 명의 훈련병 앞에 서서 조교로서 당당한 모습을 보여주려는 노력을 했었기 때문에 면접 때 당황하지 않을 수 있는 담력이 준비돼 있었다. 그리고 미리 면접 예상 질문을 뽑아 답변까지 완벽하게 준비해뒀다.

입사 지원을 30번이나 하다 보니 면접 시 제일 많이 묻는 질문이 뭔지도 대략 알 수 있었기 때문이었다.

"자신에 대해 설명해 보라"

"최근 읽은 책 중 감명있게 읽은 책은 무엇이냐"

"존경하는 인물은 누구냐" 등의 질문에도 당황하지 않았다.

그는 면접 때 "나를 설명해 보라"는 주문이 떨어졌을 때 이렇게 말했다고 한다.

"손자병법 군쟁편에 나오는 풍림화산(風林火山)같이 일하고 싶습니다. 바람처럼 신속하고, 숲처럼 안정되며, 불처럼 열정적이며, 산과 같이 묵묵히 일하는 사람이 되고 싶습니다."

이렇게 1차 면접 때 고사성어 하나로 자신의 이미지를 면접관들에게 부각시킨 김장훈씨는 집단토론 시에도 자신의 취업 노하우를 십분 발휘했다. '찬성이든 반대든 자신의 의견을 논리적으로 개진해 나가라' 이것이 그의 집단토론에 대한 답변 노하우다.

"제가 집단토론에 참가했을 때 주제가 '총리 인준제에 대한 찬반토론' 이었습니다. 이때 중재자의 역할을 맡았던 지원자는 시험에서 탈락했습니다. 그 이유를 곰곰이 생각해봤습니다. 그 결과 면접관이 알고자 했던 것은 지원자가 얼마나 논리적으로 자신의 의견을 표현하고 상대방을 설득할 수 있는가였지 원만한 토론진행자가 아니었다는 생각이 들었죠."

취업은 대학 1학년 때부터

그는 취업은 대학 1학년 때부터 준비하는 것이 유리하다고 조언한다. 4학년이 돼서야 영어책을 펴들면 너무 늦는다는 것이다. 1학년 때부터 어학준비를 시작해 3학년쯤에 영어와 제2외국어를 할 수 있는 실력이 돼야 하고, 4학년 때부터는 자신이 가고자 하는 회사에 관한 정보를 신문 스크랩하면서 준비할 필요가 있다고 말한다. 또한 사회에 이슈가 되는 사건, 우리나라가 외국과 맺은 조약이나 협정이 미치는 영향에 대한 것도 빠뜨리지 않고 숙지하고 있어야 면접 때 당황하지 않고 평소 쌓았던 지식을 펼칠 수 있다고 말한다.

특히 은행권에 입사하려면 무역, 상법, 기초 OA자격증도 갖춰 둘 필요가 있다고 말하는 김씨는 취업을 위해 무역영어자격증, 국제무역사자격증, 워드프로세서 1급 등 OA관련 자격증을 따 두었다고 했다. 김씨는 7전 8기 취업 성공기를 털어놓으며 취업에 성공한 기쁨에 대해 이렇게 말한다.

"취업준비는 나를 한 단계 업그레이드하는 작업입니다. 고통스럽지만 스스로의 힘으로 나를 변화시켰을 때, 또 회사가 나의 변화된 모습을 인정하고 뽑아줬을 때 사회에 첫 발을 내딛는다는 것의 의미를 깨달을 수 있었습니다."

2) 전자전기 – 이미숙 L전선 물자운영실 구매담당 사원

남성 업무 도전, 역발상이 합격 물꼬 텄다

"연속적인 취업 낙방을 하면서 깨달은 것은 '나의 강점을 최대한 부각시키자' 였습니다."

'취업 실패' 라는 경험이 오히려 자신을 돌아보는 기회로 다가왔다는 L전선 해외물품 구매담당 사원 이미숙씨(27). 지금은 어엿한 커리어우먼이지만 이씨도 한때 몇 번의 취업 실패와 우여곡절을 겪은 고단한 취업재수생이었다.

자신만만하게 지원했던 인천공항공사, 시티은행에서 연거푸 '불허' 라는 고배를 마셨다. 당시 '세상에 나보다 훨씬 능력있는 사람이 많구나' 하는 자괴감을 느꼈다는 이씨. 인천공항공사에서는 서류전형도 통과 못했고 시티은행은 면접에서 떨어졌다. 감히 생각지도 않았던 낙방이었다.

하지만 천성이 낙천적인 이씨는 이런 실패로 마냥 주저앉지는 않았다.

"내가 왜 떨어졌을까?" 그녀가 제일 먼저 시작한 일은 실패에 대한 원인 분석이었다. 처음에는 답이 나오지 않았다. 대학시절 학점관리도 잘 했고 토익점수도 남들이 부러워하는 900점대였다. 외형만 놓고 본다면 쉽게 떨어질 리가 없다는 생각이었다. 그러나 이런 오만함에 하나의 허점이 보였다. 그것은 바로 "지원하는 회사가 원하는 인재상에 부합되지 못했고, 또 지원한 분야에 꼭 필요한 인재라는 점을 나타내지 못했다"는 것이었다. 답은 나왔다. 내가 그 분야에 꼭 필요한 인재라는 것을 부각시키면 되는 것이었다.

우선 이씨는 자신이 부각시켜야 할 핵심을 찾아냈다. 이 강점들은 L전선에 입사하게 된 결정적인 밑거름이 됐다.

첫째, 전공인 영문학 외에 국제학을 부전공으로 이수하면서 쌓은 영어실력과 국제무역에 관한 관심과 실력이었다. 상위권 토익점수는 어느 정도 영어실력을 객관화시킬 수 있었다.

하지만 한 단계 더 나아가 영어면접을 위한 영어 토론회 모임을 만들었다. 학과 동기들과 매일 모여 1시간씩 국제무역을 주제로 영어 토론을 꾸준히 했다. "여자가 남자보다 훨씬 똑똑하고 실력이 있어야 취업에 유리하다고 생각했어요. 그래서 내가 남자들보다 더 잘할 수 있는 것이 무엇인가 생각했죠. 전 남자들보다 어학능력이 우수한 점을 포인트로 잡았습니다."

실패한 예전의 이력서, 자기소개서는 찢어버려라

다음으로 집중한 것은 면접 실전 연습이었다. 부산 사투리를 전혀 쓰지 않고 표준어를 사용하는 연습부터 시작했다. 또 면접시 떨릴 경우 여성들은 목소리가 높아지는데 이를 예방하기 위해 차분하게 말하는 대화법도 반복 연습했다. 이런 실질적인 노력은 톡톡히 효과를 봤다. 면접 때 면접관이 "왜 사투리를 쓰지 않느냐"는 질문을 받았다. 이씨는 "공식 석상에서 표준어를 쓰는 것은 당연하다. 그런 질문을 하는 것은 지방 출신이라는 선입견 때문이냐"며 강하게 반문했다. 이 공격적인 면접법은 면접관을 당혹스럽게 만들고 오히려 강한 인상을 심어준 것 같다고 그녀는 회상했다.

마지막으로 이씨의 강점은 금녀의 업무에 도전한 과감성이었다. 여자들이 원서도 내지 않는 남성 위주의 '해외관련' 업무에 도전장을 낸 것이다. 여성 지원자가 수적으로 적다면 더 유리하다고 판단했기 때문이다.

"여성들이 입사원서를 낼 때 사무직 중심으로 많이 지원합니다. L전선도 전기전자 업종이니까 남성을 더 많이 뽑을 것이라고 생각하기 쉽지만 전 '역발상'으로 도전했습니다."

그녀는 남성과 잘 어울려 일할 수 있는 강한 이미지와 탁월한 어학능력으로 해외업무에 필요한 인재임을 강조했던 것이다. 자신의 강점을 찾아내고 적절하게 부각시킨 이씨는 후배들에게 "실패한 예전의 이력서, 자기소개서는 찢어버리라"고 주문한다. 자신을 가장 자신답게 보여줄 새 이력서를 쓰라는 것이다. 이씨 자신도 강점을 최대한 부각시킨 '맞춤형 이력서'로 L전선 입사라는 통행권을 거머쥐었기 때문이다.

3) 식품제조 – 최진구 C식품 인사팀 사원

인턴 때 준비가 성공의 비결

"C식품이란 이름보다 훌륭한 인사제도를 갖춘 회사라는 생각에 인턴사원에 지원했습니다. 인턴으로 일하게 되면서 C식품에서 꼭 일하고 싶다는 욕심이 자꾸 커졌습니다. 그 마음이 간절해질수록 역으로 '오늘이 일하는 마지막 날이 될 수 있다'고 생각했습니다. 그래서 그 시간만이라도 더 충실하려고 애썼습니다."

G대학 경영학과를 졸업한 최진구씨(28)는 연전에 150:1의 경쟁률을 뚫고 두 달 동안 인턴생활을 거친 뒤 현재 C식품 인사팀 신입사원이 됐다. 취업재수를 한 것도 아니고, 그렇다고 남들보다 토익점수가 탁월하게 좋은 것도 아니었다.

또 운전면허증 외에는 아무런 자격증도 없었다. 그런데 어떻게 일류기업으로 통하는 C식품에 합격할 수 있었을까.

"이 회사는 영어점수를 신입사원 선발의 중요한 잣대로 보지 않았습니다. 그 대신 C식품만의 독특한 역량면접이 있는데 이때 저의 역량을 충분히 보여줬습니다."

면접은 면접관 2명이 1시간 30분 정도 피면접자 1명과 자연스런 대화로 그 사람의 역량을 테스트한다. 긴장할 필요가 없다.

"아버지는 어떤 일을 하시느냐?"부터 "앞으로 뭘 하고 싶은지" 등 편한 이야기를 나누기 때문이다. 이를 통해 면접관은 지원자의 깊은 생각과 과거의 행동 패턴을 관찰하면서 앞으로의 가능성을 예측한다.

"짧은 시간 동안 진행하는 기존 면접에서는 지원자가 미리 암기해온 것을 얼마나 잘 읊느냐에 따라 점수가 달라집니다. 그러나 1시간 넘게 면접을 하면 지원자도 속 시원하게 이야기를 할 수 있고 면접관도 한 명의 지원자에 대해 깊이 알 수 있어 지원자나 면접관 모두 면접 과정에 대한 아쉬움이 없습니다. 아마 모두가 최선을 다했기 때문이겠지요."

최씨는 자신만의 숨겨진 취업 노하우는 목표를 확실히 정하는 것이라고 말했다. 그의 목표는 인사전문가가 되는 것이었다. 그는 인사제도가 탁월한 기업이 어느 곳인지 조사했다. '인사부서'에서 일하는 것을 목표로 3~4학년 때부터 꾸준히 취업 준비를 했다. 그렇다고 방황이 없었던 것은 아니다.

"군대 제대하고 3학년이 돼서야 취업 준비에 들어가서 남들보다 조금 늦은 편이었습니다. 또 처음 취업 준비를 할 때는 남들처럼 자격증 준비부터 시작했죠. 그 당시 금융자격증을 따두면 연봉이 높은 금융업 취업에 유리하다는 소문이 무성했습니다. 그런데 공부를 하면서 금융업이 적성이 맞지 않는다는 것을 알게 됐습니다."

한 우물만 파라

그 후 최씨는 방향을 선회했고 자신이 진정 원하는 분야는 인사업무라는 것을 알게 됐다. 기업에서 가장 중요한 재원인 사람을 어떻게 원칙을 가지고 관리하느냐가 관건인 '인사' 업무에 매력을 느낀 것이다. 모교의 경영학부 교수와 함께 재학생들이 온라인 커뮤니티를 형성, 본격적인 인사업무 파고 들기에 나선 것이 취업의 열쇠였다.

최씨는 "인사업무에 관심을 갖고 있었기에 이 회사 인사파트에서 인턴을 할 수 있었고, 인사업무를 알고 싶은 욕심으로 선배 일까지도 제 일처럼 적극적으로 했던 것이 정식사원으로 발령나는 데 한

몫 한 것 같다"고 말했다.

그는 취업이란 무조건 공부를 열심히 한다고 해서 되는 것은 아니라고 말한다. 이력서를 100통을 써서 각 회사마다 다른 직무에 지원한 사람은 각양각색의 업무를 대체적으로는 이해할 수 있지만 전문적인 지식을 갖추지는 못할 것이다. 따라서 '어떤 일을 하고 평생 살 것인가'를 정해 하나의 직무만을 지원하는 사람이 경쟁력이 높을 것이라고 단언한다.

그는 진정 취업을 준비하기 위해서는 '무조건 맡겨주시면 잘 하겠다'는 무모함보다는 업무특성을 파악하고 자신이 그 업무를 위해 어떤 준비를 해왔는가를 설득하는 것이 필요하다고 말한다. 따라서 지원하는 회사의 실무자들과 네트워킹을 형성하는 노력이 필요하며, 이를 통해 기업에 관한 정보를 최대한 확보하는 것이 취업을 위해 꼭 필요하다는 것이다.

C식품은 각 대학 취업담당관들과 네트워크를 형성해 기업의 직무정보를 알리는 작업을 하려고 구상 중이다. 이것도 구직자들이 업무에 대한 정확한 이해를 한 후 지원하는 것이 기업이나 지원자 모두에게 필요하다고 생각하기 때문이란다.

이제 최씨는 취업준비생에서 어엿한 인사부서 채용담당자가 됐다. 학창시절부터 인사업무 파악을 위해 전문가 세미나에도 참석하는 등 노력을 서슴지 않았던 그는 "이제는 인사시스템 선진화를 이룬 C식품에서 독창적인 아이디어와 전문성을 퓨전화시킬 수 있는 인사전문가로 성장하고 싶다"고 포부를 밝혔다.

4) 서비스 – 박희주 A커피사 사원

서비스업은 일하는 사람이 만족해야 장기근무 가능

외국계 A커피사에 지원할 당시 박희주씨(24)는 다른 커피 전문점에서 2년 8개월의 경력을 가진 당당한 지원자였다. 그런데 예상과 달리 그는 시험에서 떨어졌다.

"떨어질 줄 몰랐죠. 근데 떨어지고 나서야 제가 그간의 경력만 믿고 면접 준비를 소홀히 했다는 생각이 들었습니다."

박희주씨는 다시 이 회사에 도전했다. CEO가 낸 책도 읽고, 이 회사에 꼭 입사하겠다는 각오를 다졌다. 그런데 면접당일 지원자는 800명. 그 중 20명만 선발한다는 소식에 앞이 캄캄했다.

"40대 1의 경쟁률에 또 떨어지는구나 생각되니까 오기가 생기더군요. 어떻게 하면 이 많은 지원자 중 나를 기억시킬 수 있을까 고민하다 묘안이 떠올랐습니다."

그녀의 전략은 이런 것이었다. "지원자가 많다보니 면접관도 똑같은 질문하느라 얼마나 지치고 힘들까 생각했죠. 그래서 면접관들의 지치고 무거운 분위기를 가볍게 해주자는 생각을 했습니다."

그래서 면접을 보러 들어갈 4명의 지원자들과 함께 먼저 큰 소리로 인사하고, 밝게 웃으면서 분위기를 띄우는 작전을 썼다.

"먼저 지원자들의 단합된 모습으로 면접관들에게 신선한 느낌을 전달한 후 최대한 즐거운 분위기로 면접이 진행되도록 애썼습니다."

하지만 그녀에게는 다른 면접자와 달리 넘어야할 관문이 있었다. "지난 번 우리 회사에 시험 봐서 떨어진 것으로 알고 있는데 이번에도 또 떨어지면 어떻게 할 것이냐"는 면접관의 날카로운 질문이 떨어진 것이다. 그녀는 '이 회사에서 꼭 일하고 싶고 정말 잘 할 자신이 있다'는 자신의 의지를 피력했다. 후일 인사담당자에게 들었지만 그때 그녀가 제일 좋은 점수로 입사했다고 한다. 이 회사는 학력철폐 면접으로 학력을 중요하게 평가하진 않는다. 그러나 박희주씨가 고졸학력으로 최고점수를 받고 입사한 것은 서비스 업계가 원하는 그의 남다른 고객마인드 때문이었다.

"학력이 낮다고 고객에게 잘못 대할 것이라고 생각하는 사람은 없죠. 또 전 지금부터 시작이고 서비스업에서 최고 1인자가 될 때까지 노력할 겁니다."

그녀는 "서비스업 종사자들은 먼저 고객 눈을 쳐다보고 웃으며 이야기할 수 있고, 고객이 말하지 않아도 그가 원하는 것이 무엇인지 파악해 고객을 대할 수 있어야 한다"고 말한다. 그러기 위해서 그녀는 고객 한 명 한 명을 눈여겨보고 그들의 취향을 기억해둔다. 다음에 그 고객이 찾아 왔을 때 먼저 그 사람의 취향을 알아 맞추는 것이 서비스의 시작이기 때문이다. 이렇게 하면 고객과 더 빨리 친해지고 커피전문점을 찾는 단골은 늘어날 수밖에 없다는 것이 그의 서비스 노하우다.

"정말 서비스업은 몸과 마음이 함께 움직이는 직업인 만큼 일하는 사람이 만족감 없이는 도저히 할 수 없는 일입니다. 그래서 외식업 분야에 종사하는 매장 근무자들의 이직이 높은 것이겠죠. 고객의 마음을 읽고 그들이 기뻐하는 것을 보며 나도 즐거울 수 있다는 생각이 드는 사람이 지원해야 오래 일할 수 있는 분야입니다."

자신의 직업에 대한 사랑으로 꽉 찬 박희주씨. 그는 오늘도 고객에게 이 회사 고유의 커피맛과 향기, 그리고 커피만큼의 여유를 전하고 있다.

5) IT – 강현 D정보시스템 프로그래머

자격증 하나 없어도 '산학프로젝트 경험으로 승부'

2003년 1월 D정보시스템에 프로그래머로 입사한 강현씨(26)는 IT 자격증이 하나도 없다. 그뿐이 아니다. 그는 취업을 위해 IT전문학원도 다닌 적이 없다. 그런데 어떻게 그가 시스템통합(SI)업체인 D정보시스템에 취업할 수 있었을까.

"전 모든 취업 준비를 학교 안에서 끝냈습니다. 제조공학 연구실에서 학부생으로 중소기업 대상 IT프로젝트를 참여했던 경험이 어떤 IT자격증보다 큰 효력을 발휘한 셈이죠."

그가 'D정보시스템'에 입사할 수 있었던 가장 큰 이유는 S대학 시스템경영공학부 연구실에서 다양한 중소기업 ERP (Enterprise Resource Planning) 시스템을 만든 경험을 경력으로 인정받았기 때문이다. 그가 참여한 프로젝트는 중소기업 '나노텍코리아를 위한 경영 및 업무의 합리화', 보건복지부 프로젝트로 맹인용 단말기 제작 등이다. 입사 면접 때 면접관이 '프로그램에 자신 있느냐'는 질문 말고는 IT프로그래머로서의 자질을 테스트하는 질문을 거의 하지 않았을 정도로 면접관들도 그의 실력을 인정했다.

"전공 교수님이 제조공학 연구실에서 프로젝트에 참여할 사람을 모집할 때 혼자 연구실 문을 두드렸던 것이 제 인생의 전환점이었습니다. 2000년 4월 연구소 프로젝트에 참여하기 전까지 IT초급 정도의 실력밖에는 안됐거든요."

강씨는 연구프로젝트에 참가하면서 프로그램 언어인 C언어, 자바 등을 배웠다. 또 세미나를 통해 IT에 관한 궁금점들을 해결할 수 있어서 특별히 IT전문학원에 다닐 필요를 느끼지 않았다고 한다. 그러나 그에게도 D정보시스템에 취업하기 전에는 고민이 많은 구직자였다. 포스코 등 SI 대기업에 몇 번 떨어진 후 자신감을 완전히 잃었기 때문이다. 그러던 중 눈높이를 낮춰 벤처기업에 입사원서를 냈고 합격 소식을 접했다.

그때 다시 자신감을 찾은 강씨는 '조금 더 노력해보자'는 마음으로 D정보시스템에 입사원서를 내게 된 것이다.

인상 깊은 경험이 나의 밑천

먼저 그는 자기소개서 첫 머리에 '최악의 조건에서 최고는 존재한다'는 군대시절 모토를 적었다. 간첩 잡는 특공대에서의 24시간 행군 등 지독했던 훈련경험을 통해 단련된 정신력을 보여주기 위해서였다.

이런 자기소개서는 면접관들의 호기심을 자극하기에 충분했다.

"자기소개서 쓸 때 언제 어디서 태어나 어떻게 자랐다는 식의 연대기적인 기술보다는 강한 인상을 주는 자신의 경험을 가장 먼저 쓰고 그것이 직업선택에 어떤 영향을 주었는지를 밝히는 것이 설득력이 있습니다."

김씨는 취업을 준비하는 사람들에게 자신이 터득한 가장 빠른 취업 지름길을 다음과 같이 조언한다.

"취업을 위해서 무조건 덤벼들기 보다는 먼저 자신이 하고 싶은 직무와 가고 싶은 회사를 정하고 시작하는 것이 좋습니다. 그 회사에서 원하는 인재의 조건에서 내가 부족한 부분이 무엇인지를 알고 이것을 채우려고 노력하는 시간이 필요하기 때문입니다."

3. 부모도 취업전선에서 함께 실패한다

부모의 과잉간섭이 학생을 로봇처럼 만들어 버리는 경우가 적지 않다. 그냥 내버려 두면 될 일을 자꾸 뭔가 해 주고 싶으니까 이것저것 도와주다보면 학생의 자생력은 엉망이 되고 마는 것이다.

필자가 아는 한 학생은 모든 것을 부모에게 기대는 타입이었다. 전공도 학교도, 심지어 옷입고 음식 먹는 것까지 부모의 간섭을 받고 있었다. 그는 부모가 원하는 자리에 계속 도전했지만 원하는 직장을 결코 얻지 못했다. 부모는 고시에 패스한 일류 부모였지만 학생은 그 부모에게 치어 자신이 도무지 뭘 할 줄 아는지 모르는 답답한 학생이 되어 있었기 때문이다.

그 학생은 취업 재수 삼수를 계속했는데 사실 자신의 실력으로는 불가능한 공사나 대기업만 골라 지원하였으니 백 번 도전에 백 번 실패한 패자가 되고 말았다. 부모는 아들이 창피하니까 이번에는 고시 공부를 해 보도록 권했다. 이 학생은 이번에도 자신의 생각을 내놓지 못하고 고시촌에 들어가 고시 공부에 매달렸다. 그러나 제대로 준비 못하고 자신감마저 잃어버린 학생이 고시 공부를 제대로 할 리가 없었던 것.

너무 힘들고 지쳐 한 때 자살까지 생각하던 이 친구는 나중에 아는 선배의 소개로 컨설팅을 받게 되었고 결국 자신의 진로를 새로 모색하게 되었다. 그는 창작에 소질이 있어서 어릴 적부터 글쓰기를 하고 싶었는데 부모가 이를 허락하지 않아서 아예 생각조차 하지 않았던 것이다.

결국 그는 지인의 도움을 받아 한 중견출판사 인턴사원으로 들어갔다. 부모는 결사반대했지만 30줄에 들어선 아들이 더 이상 직업 없이 나도는 것을 방관할 수도 없어서 포기하게 되었다. 부모의 포기가 아들의 성공의 시작이었다. 이 사람은 출판사 일이 적성에 맞았든지 열심히 해서 사장 눈에 들게 되었고 나중에 멋진 출판 기획자로 이름을 날리게 되었다.

이처럼 부모가 실패하면 학생도 실패한다. 자녀의 자립심을 키워주는 교육이 가장 필요한 것이다.

■ **부모님들께 드리는 말씀**

부모는 자식을 기다려 줄 수 있어야 합니다. 자식이 뭘 제대로 하는 게 없다고 나무라지 마시고 '얼마나 기다려줄까?' 그렇게 물어보세요. 기다려줘야 학생들이 가지고 있는 자생적 에너지를 되찾게 됩니다. 기다려준다는 말 속에는 '넌 할 수 있어' 라는 암시가 들어 있다는 것을 잊지 마십시오. 그 말속에 '넌 안 돼' 가 아니라 '넌 할 수 있어!' 가 들어있기 때문에 '기다려줄게 네 능력을 한 번 보여줄래? 난 너한테 기대해' 라는 말을 자식들에게 전달해 주는 것과 마찬가지입니다.

자식들은 다른 것이 없습니다. 정말 칭찬이 중요하죠. "칭찬은 고래도 춤추게 한다"는 책도 있지 않습니까?

그냥 그대로 방치하는 건 부모가 할 일이 아니라구요? 아닙니다. 우리 아이들은 다 자생력이 있는 훌륭한 사회인들입니다. 자녀들의 도가 지나치면 그 때 잡아주면 됩니다. 그렇지 않으면 자녀가 긍정적으로 나를 키울 수 있는 기회가 없어집니다. 우리 아이들을 마마보이로 만들고 싶으십니까?

대개 성장한 자녀일수록 부모와 대화가 없는 편입니다. 그렇다고 특별한 대화법을 생각하거나 진지한 대화를 상상하지 마십시오. 그건 더 부담스러워지는 법입니다.

그럴 때마다 '어어, 오늘 멋있네!' 이 한 마디로도 자녀들을 격려할 수 있다는 사실을 기억해 주십시오.

"너 어떻게 그렇게 멋진 생각을 했니?"

그 한 마디 해주면, 자기가 용케 그 생각을 했는데 부모님이 칭찬이 담긴 이야기를 해주면 용기가 100배가 되고도 남는 것이죠.

01

취업환경에 대한 이해

01
취업환경에 대한 이해

기업이 생각하는 인재는 우리 취업 준비생들이 생각하는 인재상과 상당한 차이를 보입니다. 오랜 세월 기업과 취업하려는 학생들 사이에서 가교 역할을 해 온 저로서는 이 갭을 좁히려고 많은 애를 써 왔습니다.

이 책의 1부에 담긴 내용은 우리 학생들이 취업환경, 즉 기업이 뭘 바라고 앞으로 어떻게 해 나가려 하는지를 먼저 살펴보자는 뜻에서 기획한 것입니다.

1. 자신에 대한 이해

나를 아는 것이 곧 힘이다. 나를 알고 적을 알면 백번불패라는 말처럼 나 자신을 똑바로 살펴 먼저 실력을 갖추어 두는 것이 '취업의 기술' 이다. 의욕만 앞세워서 성취할 수 있는 것은 거의 없다.

학창 시절 담임선생님께 필자에게 이렇게 얘기하신 적이 있었다.

"우리는 늘 목표만 쳐다보는 버릇이 있다. 그러다보니 늘 꿈에만 빠져 있어서 바로 앞에 계단이 있는지, 구덩이가 있는지 잊어버리고 목표만 향해 돌진한다. 그래서 실패가 잦은 것이다. '목표는 더 높이, 그러나 발걸음은 한 계단 한 계단!' 이것이 실로 중요하다."

취업을 준비하는 독자 여러분은 어떤 상황인가? 내 발걸음 밑부터 살펴보는 것이 취업 준비를 시작하는 여러분들의 가장 중요한 임무다.

1) 전문지식으로 차별화하라 - General Specialist

의외로 많은 취업 준비생들이 무턱대고 사회로 쏟아져 나온다. 준비되지 않은 상태로 말이다. 기업이 무엇을 바라는지, 어떤 인재를 원하는지에 대해서는 준비하지 않고 자신이 스스로 만들어 놓은 잣대로 '이만 하면 되겠지' 하며 자신만만하게 졸업하고 사회에 나갔다가 실패하는 사람들이 얼마나 많은지…. 21세기는 지식정보화 사회이다. 자신이 전공에 대한 해박한 지식이 있어야 한다. 자신의 전문분야가 차별화되어 있어야 한다. 현재 전공하는 분야이든, 전공에 맞지 않는다면 자신이 현재 가장 강점인 분야든 간에 전문화로 차별화해야 한다.

가장 중요한 것은 자신을 아는 일이다. 나아가서 이 분야에서 내 위치가 어느 정도인지, 내 실력은 어떤 수준인지, 경쟁자 그룹 중에서 내가 어떤 특징을 갖고 있어서 경쟁력을 갖고 있는지를 살펴 볼 수 있어야 한다. 그래서 경쟁력이 부족하다면 한 분야만이라도 남들보다 잘 하는 것을 만들어 두어야 한다.

취업을 준비한다는 것은 결론적으로 내가 경쟁자들과 다른 무엇이 얼마나 두드러지는가에 달려 있다. 그 최종 목표는 남보다 더 나은 전문지식, 더 넓은 정보와 지혜의 창고를 갖추는 일이다.

2) 국제감각과 외국어 구사 능력

국제 정세에 대해 너무도 캄캄한 대학생들이 수두룩하다. 미국 대통령이 누군지, 일본의 수상이 누군지, 대만과 중국이 어떻게 다른지도 모르는 대학생들이 상당히 많다. 이렇게 기초적인 국제 상식과 정보조차 없이 취업을 꿈꾼다는 것은 계란으로 바위를 치는 격이다.

지구는 이미 하나의 시장으로 통합되어 있다. 우수한 재화와 서비스를 만드는 것도 중요하지만, 이것을 지구의 소비자에게 잘 팔 수 있어야 세계시장에서 살아남는 기업이 될 수 있는 것이다. 신입사원으로 들어가서 바로 외국어를 활용해 업무를 하는 것이 아닐지라도 기업이 국제적 감각을 필수로 꼽는 이유가 여기에 있다. 블룸버그 등의 외국계 뉴스포탈을 정기적으로 검색하면서 국제적인 감각을 키워라.

특히 외국어 구사 능력은 필수적이다. 이제 외국어 한 두 개 정도를 자유롭게 구사하지 않고서 경쟁력을 갖추었다고 말하기는 어렵다. 얼마 전 보도를 보면 한 해 동안 우리나라에서 해외로 나간 초등학생이 10만 명을 넘어섰다고 한다. 거의가 어학연수나 어학 캠프 참여, 조기 유학 등의 인원이다. 이렇게 매년 수 만 명이 초중고 시절부터 해외에서 공부를 하고 들어온다. 영어를 어느 정도 마스터 해 놓고 취업 준비를 하기 위해서다. 영어만 어느 정도 되어도 남들이 영어에 매달릴 때 다른 준비를 할 수 있다. 이것이 남보다 다른 경쟁력을 가지는 첫 번째 방법이다.

3) 실행력 – 두려워하지 마라

많은 구직자들과 대화를 하다 보면, 추상적인 고민과 실천에 대한 두려움에 쌓여 있는 것을 자주 보게 된다.

'토익 점수가 700점도 안되는데', '학교 성적도 3.5가 되지 않는데', '우리 대학은 별로 좋지 않은 대학인데', '나는 외모가 출중하지 않은데' 등등…. 이러한 추상적인 고민들에 쌓여 있는 것을 볼 수 있다. 추상적인 고민은 자신감을 가로막고 세상에 대한 두려움을 만들어 낸다. 막연한 두려움은 어떤 새로운 도전을 가로 막고 행동을 위축시킨다. 성공하는 사람일수록 잠재적 불안감에서 빨리 벗어나는 습관을 가지고 있다고 한다. 많은 사람들이 잠재적 불안감에서 빨리 벗어나지 못하는 이유는 실패를 두려워하기 때문이다.

실패를 두려워하는 것은 실패가 부정적인 것으로 이미 머리 속에 장착되어 있기 때문이다. 실패를 인정하게 되면, 실패는 두렵지 않다. 실패를 뇌리에 박아두지 말고 흘려버리면, 실패는 이미 실패가 아니다. 조금 더 적극적으로 받아들이면, 실패 속에도 정보가 있다는 사실을 알게 될 것이다.

진취적 기상이란 적극적 사고방식을 갖는 일이다. '나는 뭘 해도 안 돼!' 이런 식으로 생각하는 한 절대 취업은 내 곁에 다가오지 않는다. 적극적으로 될 것이라는 생각을 믿고, 또 잘 할 수 있을 것이라는 확신을 갖고 취업 전쟁에 임하라. 절대 포기하면 안 된다.

내가 나를 사랑하지 않으면 남들도 나를 우습게 여기게 될 것이다.

4) 충성(忠誠=loyalty) – 자신을 신뢰하라

어떤 젊은이들은 도전 의식이나 성취의식이 아예 없는 모습을 보이고 있다. 목표가 없으니 매양 방황하다 세월만 보낸다. '한 번 해보는 거지' '끝까지 한 번 가보는 거야' 이런 의식이 꼭 필요하다. 나약하게 성장한 요즘 젊은이들은 끝까지 한 번 파고 들어보려는 근성이 영 부족하다. 한 번 결심한 일은 끝을 보는 습관, 절대 난관이 닥쳐와도 중도 포기하지 않는 의지…, 자기자신에 대한 신뢰 즉 충성이 부족하다.

도전과 성취는 자신에 대한 충성으로부터 나온다. 이런 것들이 승리의 비결이다. 세계 500대 기업의 인재선발에 있어 가장 중요한 기준은 충성이라고 한다. 필자는 기회가 있을 때마다 인사담당자들에게 채용시부터 충성도를 체크하라고 역설한다.

충성(忠誠=loyalty)이라는 단어는 공적인 의무 등에 충실충의라는 의미 외에 성실, 정확(faithfulness), 권한위임(commitment), 헌신(devotion), 충의(allegiance), 약속 엄수(fidelity), 존경(homage), 복종(obedience), 불변성(constancy)… 등의 의미를 담고 있다.

5) 유연한 사고와 창의력 – 나는 다른 사람과 다르다

모든 일에서 1+1=2 라는 식의 단편적인 답변만 찾으려 해서는 곤란하다. 1+1이 2가 될 수도 있고, 3이 될 수도 있어야 한다. 그것이 왜 그렇게 되어야 하는지 스스로 고민하고 묻는 습관을 키워야 하며 획일적인 생각을 버리고 창의적인 사고방식을 갖도록 노력해야 한다. 기업은 절대 로봇처럼 시키는 일만 하는 사람을 원하지 않는다. 어느 학습지 광고처럼 '스스로 생각하는' 사람들이 경쟁에서 승리하는 법이다. 최후에 웃는 자가 되려면 보다 폭넓고 유연한 사고와 창의력이 있어야만 가능하다.

자신감과 긍정적인 마인드가 상상력과 창의력의 바탕이 된다. 자신을 '있는 그대로' 보기 시작할 때 자신감과 긍정적인 자세가 생긴다. 긍정적인 시각에서 자신감 있는 태도로 다양한 서적을 많이 읽어라. 취업 후에도 자기계발을 위해서도 시사저널은 물론 경제경영서적, 문학작품, 나아가서는 고전도 읽어 보아라. 시야가 매우 넓어지고 깊어짐을 느낄 것이다.

6) 도덕적인 태도 - 다른 사람을 배려하라

21세기는 모랄이 중시되는 자본주의시대라고 한다. 올바른 가치관을 가지고, 책임감을 가지고 다른 사람들에게 좋은 영향력을 미치는 사람이야말로 예의바른 사람일 것이다. 성공하는 사람으로 오래 칭송받는 이들의 특징은 매우 도덕적이고 다른 사람에게 선의의 영향을 끼치는 사람들임을 명심하라.

에티켓, 매너 등 기본적인 태도는 기업인이라면 누구나 갖추어야 할 덕목이다. 우리는 불행하게도 이런 부분에 대해서 가정 교육이나 학교 교육이 턱없이 부족하여 경쟁에서 밀린다.

남에게 피해를 주지 않고 살아가려는 자세부터 배워야 직장 생활이 편해진다. 더군다나 취업 준비생이 예의바르지 못하다면 어디다 쓸까?

2. 기업 환경에 대한 이해

1) 최근의 국내경제동향 (2007년) – 고용없는 성장의 고착화

우리 경제는 70년대와 80년대에 연평균 8%내외의 고성장세를 지속해왔기 때문에 비교적 취업은 크게 문제되지 않았다. 그러나 IMF 이후 경제성장률이 4%대로 낮아지면서 고용과 취업 문제가 심각한 사회 문제가 되고 있다. 최근에는 석유가 고공행진과 함께 기업의 일자리가 더욱 줄어들고 있다.

예전에는 경제성장이 이루어지면 고용도 늘어났지만 지금은 경제는 성장하는데 고용은 줄고 있는 기현상이 두드러지고 있다. 이른바 고용없는 성장체제의 사회로 변화하고 있는 것이다.

이것은 굴뚝산업이라고 부르는 제조업의 고용 동력이 약화된 탓에 크게 기인한다.

소비와 투자 등 내수부문의 부진이 지속되고 경제성장 자체가 내수경제보다는 해외부분의 성장기여에 의존하는 경향이 있기 때문이다. 또 인건비가 높아지면서 국내에 있던 제조업이 해외로 빠져나가면서 일자리는 더욱 줄어들었다.

이런 좁은 문을 어떻게 뚫고 들어갈 것인가? 이것이 오늘의 기업 환경을 이해하는 첫 번째 포인트다.

2) 경력자 우대의 사회 시스템

최근 몇 년간 기업은 채용 시장에서 새로운 변화를 예고하고 있다. 바로 신규 채용자보다 경력자를 우선하고 있다는 것이다. 대학을 갓 졸업한 신입 보다 경력자를 선호하는 이유는 무엇일까? 기업에 당장 쓸 인력부터 구하려는 것이 기업의 욕심이며, 신입 직원들이 과거보다 훨씬 자주 더 빨리 이직하려 들기 때문에 신입 직원에 대한 투자만 늘어나지 효과는 별로 거두지 못하고 있다는 판단을 기업이 내리고 있는 것이다.

국내 전체 취업자 추이를 살펴보면, 청년취업자의 취업률은 최근 몇 년간 마이너스 증가율을 보이고 있다. 이는 구인시장에서 청년 · 신규인력보다는 경력자가 우대되고 있다는 것을 의미한다.

(단위 : 천명)

	1991	1995	2000	2002	2004	2006
전체취업자	18,649 (3.1)	20,414 (2.9)	21,156 (4.3)	22,169 (2.8)	22,557 (1.9)	23,151 (1.3)
청년취업자	5,496 (9.4) 〈29.5〉	5,705 (1.8) 〈27.9〉	4,879 (4.0) 〈23.1〉	4,799 (-0.3) 〈21.6〉	4,578 (-0.6) 〈20.3〉	4,270 (-4.0) 〈18.4〉

자료 : 통계청

현대경제연구원 '학력 인프레가 청년실업 부추긴다' [한국경제주평] 2007년 3월 2일에서 재인용

주 : ( ) 은 전년대비 증가율, 〈 〉은 전체 취업자 가운데 청년층 취업자 비중.

3) 기업 성장 구조의 둔화

대한상공회의소가 발표한 '우리경제의 부문별 성장기여율 현황과 과제' 보고서에 의하면 우리나라 내수부문(소비, 투자)의 경제성장 기여율은 80년대 101.1%, 90년대 106.1%에서 2000년대 들어서면서 65.4%('00~'05년 평균)로 큰 폭으로 감소한 수치를 보여준다. 이것은 OECD국가의 70%수준으로 선진국의 성장 구조와는 다른 형태를 보이며 성장 구조의 역행을 보여주고 있는 것이다.

이것은 IMF이후 우리 경제가 구조조정을 거치면서 소비와 투자는 부진을 보이고 수출은 늘어나는 경제 구조로 변화되어 왔다는 것을 의미한다.

이러한 경제성장 구조를 깨뜨리고 우리 경제의 지속적 성장을 위해 무엇보다 내수기반을 확대하여 '내수 - 수출'의 균형이 우선적으로 이루어져야 하는데 대책 마련도 정부의 거시적인 경제 정책도 쉽게 변화하지 못하고 있는 것이 우리 경제의 약점이라 할 수 있다.
(출전: 리크루트 인재연구소 2007년 하반기 취업시장 동향과 취업전략)

4) 업종별 일자리의 변화

우리 경제 시스템을 전체적으로 볼 때 제조업의 생산은 둔화되었지만 서비스업은 건실한 신장세를 보이고 있는 것으로 나타나고 있다. 취업 준비생들은 이 지표를 언제나 제대로 기억해 두고 있어야 한다.

2007년 상반기의 산업별 취업자 증감 추이를 살펴보면 개인사업 공공서비스 및 기타 부문과 전기 · 운수 · 통신 · 금융업, 건설업에서 취업자가 증가하고 있다. 취업 준비생들이 업종별 선택에서 눈여겨 볼 부분이다.

이에 반해 농림어업, 제조업, 도소매 · 음식숙박업에서의 취업자 감소세가 지속되고 있다. 관광과 여행 호텔 분야도 기대만큼 증가세가 이루어지지 않고 있다. 제조업과 도소매 · 음식숙박업은 2005년부터 꾸준한 감소세를 나타내고 있다.

2007년 1/4분기 중 제조업 생산은 반도체 등 IT부문의 재고조정, 자동차업계 파업 등의 영향으로 증가세가 둔화되었다. 이것이 전체 취업률을 낮추는 한 요인이 되고 있다.

업종별로는 조선이 꾸준한 호조세를 이어가고 있다. 조선 분야는 현지에선 단순 기능공조차 구하지 못하는 인력난으로 쩔쩔 맬 정도라고 한다. 급여도 크게 높아져 웬만한 제조업의 관리직만큼 지급되고 있어 최근의 인기를 반영하고 있다.

앞에서도 이야기 했듯이 반도체와 자동차의 증가세는 둔화되었다. 이것은 우리 경제 전체에도 영향을 줄 것으로 보이는데 반도체 회복세가 느려지면 그만큼 경기 회복도 더디어진다.

5) 최근 채용시장의 큰 흐름

(1) 청년실업의 현황과 문제점

통계청은 청년실업률이 8%대를 유지한다는데 체감 실업률은 이보다 훨씬 높다. 이 같은 통계는 과연 현 실물경제의 현주소를 그대로 반영하고 있는 것일까? 청년실업자의 기준은 현실에 적합하지 못한 면이 있다. 이를테면 지난 1개월 이내에 구직활동을 하지 않으면 비경제활동인구에 해당하기 때문에 실업률에 포함되지 않는다. 취직을 위해 구직을 중단하고 요리학원, 미용학원 등 취업학원에 통학하고 있는 청년은 실업자가 아니다. 자발적으로 뭔가를 준비하고 있다고 판단하고 있는 것이다.

구직이 안돼 포기하는 사람들 역시 실업자가 아닌 비경제활동인구에 해당된다. 우리 경제통계는 구직이 안돼 포기한 상태의 사람들을 전혀 잡아내지 못한다.

또 1주일에 1시간이라도 일을 하고 임금을 받으면 실업자로 분류되지 않는다. 생계를 위해 1주일에 3~4일, 2~3시간 아르바이트를 해도 취업자로 구분된다. 이처럼 현실과 동떨어진 통계는 실업률을 정확하게 반영하지 못하고 있다. 현재 실업률 지표는 현상이 아니라 눈 가리고 아웅하는 추정치일 뿐이다. 이러한 취업준비자와 취업포기자만 감안한다고 해도 청년실업률은 15%대로 증가한다.

우리는 이 실물경제의 심각한 취업률 문제를 눈여겨보고 있어야 한다. '언젠가는 되겠지' 하다가는 큰 문제를 야기할 수 있다. 끊임없이 찾고 두드리고 알아보려는 의지가 없으면 취업은 꿈도 꾸지 말라.

앞에서 이야기했지만 청년실업률은 평균 실업률의 2배 이상이다. 이것은 청년실업의 심각성과 특수성을 나타내는 지표가 되기도 한다. 또한 청년실업률은 IMF이후 급격히 상승했다가 2003년까지 하락세를 보였는데, 이후 다시 높아지고 있다. 정부의 대응책이 효과를 거두지 못하고 있다는 반증이다.

〈2006년 청년 취업 구성〉

(단위 : 천명)

	청년층(15~29세)	전 체
경제 활동 인구	4,634	23,773
취업자 (고용률)	4,270(43.4%)	22,989(59.1%)
실업자 (실업률) (A)	364(7.9%)	784(3.3%)
비경제 활동 인구	5,209	15,132
취업준비 (B)	413	525
쉬었음 (C)	258	1,277
중위 취업애로층 (A+B)	777(15.4%)	1,309(5.2%)
광위 취업애로층 (A+B+C)	1,035(19.5%)	2,586(9.8%)

자료 : 통계청 '경제활동인구조사' 원 자료 인용, 2006
현대경제연구원 '학력 인프레가 청년실업 부추긴다' [한국경제주평] 2007년 3월 2일에서 재인용

(2) 청년 실업 문제 지속의 원인

우리 경제의 경기적 요인이나 인구구조 변화와는 무관하게 경기가 좋아지거나 나빠지거나 관계없이 청년 실업률이 7~8%로 고착되고 있는 것은 심각한 일이다. 취업 준비생들이 하루라도 빨리 취업문을 열고 현장에 뛰어들어야 하는 이유가 여기에 있다. 취업 희망자들은 계속 쏟아져 나오고 있고 취업의 문은 여전히 좁다면 병목 현상이 발생할 수밖에 없고 기업은 기업대로 경력자들만 뽑고 있다면 일단 자신의 욕심을 낮추고 취업하는 것이 훨씬 현명하다는 것을 말해준다.

물론 청년층 경제활동인구와 청년 인구수가 동시에 감소하고 있어서 청년 실업률이 일정한 수치를 보이고 있는 것처럼 보이지만 그 이면에는 상당수 젊은이들이 취업 자체를 포기하고 다른 길을 찾고 있음을 간과해서는 안 된다.

청년실업의 주원인은 취업 시장의 질적 수급이 일치하지 않는 데서 비롯된다. 누구나 더 좋은 일자리, 괜찮은 일자리로만 몰리기 때문이다. 시화 안산 인천 등지의 공단에서는 사람이 없어서 쩔쩔 매지만 서비스 금융업은 넘쳐서 난리들이다. 학력이 인플레되면서 속칭 '폼' 나는 일자리로만 사람이 몰리는 탓이다.

(3) 중소기업은 얼마든지 자리가 있다

눈만 돌리면 중소기업은 아직도 자리가 꽤 있다. 욕심을 낮추고 자신이 원하는 직종을 찾아 경력을 쌓은 뒤에 얼마든지 전직할 수 있는 방법이 있다. 중소기업을 통한 대기업 혹은 원하는 기업으로의 이전은 지금 시점에서 선택할 수 있는 취업문을 통과하는 지름길 가운데 하나다.

다음 도표는 필자의 말을 입증해 줄 것이다.

〈중소기업과 대기업의 일자리 현황〉

(단위 : 명)

	1999	2000	2001	2002	2003	2004	2005	2006
중소기업 (300인 미만)	59,473 (1.40)	67,498 (1.52)	72,593 (1.54)	139,152 (2.95)	133,205 (2.66)	168,152 (2.91)	212,494 (3.53)	196,677 (3.23)
대기업 (300인 이상)	3,127 (0.22)	4,845 (0.38)	3,460 (0.28)	10,403 (0.80)	7,921 (0.55)	11,656 (0.89)	12,985 (0.99)	8,489 (0.61)
5인 이상 전체	62,600 (1.11)	72,343 (1.26)	76,053 (1.28)	149,566 (2.49)	141,126 (2.18)	179,717 (2.54)	225,479 (3.07)	205,166 (2.74)

자료 : 노동부 '노동력 수요동향' ( )은 부족률
현대경제연구원 '학력 인프레가 청년실업부추긴다' [한국경제주평] 2007년 3월 2일에서 재인용

중소기업과 대기업이 공히 비어있는 일자리수가 2000년대에 들어서면서 늘어나고 있음을 볼 수 있다. 특히 중소기업의 인력 부족이 기하급수적으로 늘어나고 있다는 것은 잘 알고 있지만, 대기업도 사람이 부족하다는 말은 생소하게 들릴 것이다. 해마다 우수한 졸업생들이 넘쳐나지만, 대기업에선 뽑을 사람이 없어서 인재를 뽑

지 못하고 있는 것이다. 대기업의 경우 매년 약 1만 개의 비어있는 일자리를 위해 우수한 사람을 찾고 있지만, 아무나 쉽게 채워넣기식의 채용은 하지 않는다는 사실을 기억하자.

졸업을 연장하면서 대기업을 바라보아도 내자리가 아닌 경우가 더 많다고 보아야 한다. 대기업에서 갓 졸업한 따끈 따끈한 졸업자를 좋아한다는 헛소문에 빠져들지 말라. 대기업일수록 따끈따끈한 졸업자를 졸업 연도로 계산하지 않고 나이로 계산하고 있다. 어릴수록 상상력과 표현력을 갖진 잠재인력이 많다고 생각하기 때문이다.

졸업을 연장하면서 대기업을 가려고 하지 말고, 빨리 졸업해서 어디서든지 경력을 쌓아 원한다면 3~5년 후에 대기업을 겨냥하는 것이 훨씬 합리적이다. 현장 실무 지식을 익혀 놓으면 언제 어디서든 나를 필요로 하는 더 좋은 일자리는 계속 존재한다는 사실을 잊지 마시기 바란다.

02

나를 팔아 **직장**을 사라

이정주의 취업 제안

02
나를 팔아 **직장**을 사라
– 이정주의 취업 제안

1. 기업은 비즈니스의 동반자를 찾는다

누구나 다 좋은 직장에 취직하고 싶어합니다. 그러나 누구는 사회적 평판이 좋은 직장, 원하는 직업을 얻는데 반해 또 누구는 취업 삼수 사수를 해 가며 고통의 세월을 보내고 있습니다. 왜 어떤 이는 쉽게 직장을 구하고 또 어떤 이는 계속 실패만 하고 있는 것일까요?

제 오랜 컨설턴트 경력으로 볼 때, 직장을 잡는다는 것은 '나를 팔아 직장을 사는' 고도의 전략적 접근이 필요한 구직 행위입니다. 본론에 앞서, 연전에 한 젊은이가 대치동 18평 야채가게에서 대한민국 평당 최고 매출을 올리는 이야기가 화제가 된 적이 있습니다.

이 '총각네 야채가게' 가 주는 사회적 교훈은 의미심장합니다.

첫째, 대학을 나온 지식인이 행상으로 성공했다는 것입니다. 우리 사회 저변에는 대학을 나온 사람은 정장을 입고 회사에 출근해야 한다는 의식이 깔려 있습니다. 그래서 대학을 나온 엘리트가 행상으로 시작해서 점포를 소유한 야채가게가 새로운 형태의 벤처기업 성공으로 평가되면서 언론에 대서특필 되었던 것이죠.

우리 사회에서 장사꾼은 사회적 지위가 낮은 직업입니다. 하지만 우리 사회는 변화하고 있고 이 하찮은 야채장사를 젊은이들이 갈망하는 벤처사업가로 격상시켜줄 만큼 시대가 달라지고 있다는 것을 보여줍니다.

둘째, 사업가로 변신한 야채가게의 성공요인이 대학이라는 콘셉트와 연결되고 있습니다. 즉, 대학과 장사가 만난 것입니다. 장사가 상품(물건 서비스)을 팔아 이익을 남기는 간단하고 하찮은 일이 아니라, 많이 팔고 이익을 크게 남기기 위해 전문가가 되어야 한다는 사실을 증명해 보이고 있습니다. 장사商꾼을 유능한 마케터라는 전문가 즉 선비급으로 격상시키고 있는 이 변화를 기억하십시오.

변화가 빠른 현대사회를 잘 이해하려면 변화를 주도해 가는 기업을 알아야 합니다. 역동적인 사회를 이끌어 가는 것은 기업 즉 비즈니스(=장사)입니다.

그런데 많은 구직자들은 기업에 대한 이해도 연구도 하지 않은 채 기업에 자신의 몸을 팔려고만 하고 있습니다. 기업은 사고 싶은 인재를 저울질하고 있는데, 구직자들은 자신만의 저울로 가름한 회사에 이력서를 내며 실패와 좌절로 지쳐가고 있습니다. 자신의 이력서가 기업의 저울로 재면 무게가 없다는 사실을 모른 채 말이죠.

기업은 비즈니스의 동업자를 찾고 있습니다. 연봉과 근로조건만을 보고 일자리를 찾는 구직자는 동업자의 자세가 아닙니다. 나의 인생과 함께할 자신이 없는 일자리는 본인이나 기업에게 다 불행할 뿐입니다.

취업은 준비된 자에게 찾아오는 필연적 결과입니다. 이번 하반기에도 수많은 구직자들이 대학문을 나서 자신에게 맞는 일자리를 찾아다니게 될 것입니다. 그 분들에게 저는 이렇게 이야기하고 싶습니다.

"나를 팔아 직장을 사라!"

그러려면 제대로 된 물건으로 나를 만들어 놔야 하지 않겠습니까?

2. 4학년 졸업반, 늦었지만 이제부터 시작이다

1) 내게 맞는 업종과 기업 알아보기

시간도 없고 준비도 없지만 당장 할 수 있는 일은 있다. 발품을 팔고 인터넷을 뒤져서라도 반드시 내게 맞는 직종을 찾아내는 것이다. 내게 맞는? 그게 무슨 말인가? 내 적성에 어울리는 직종을 말함이다.

'나는 요리하는 것이 좋아' 라고 한다면 어떤 요리를 하고 배우고 싶은지를 생각한 다음 호텔서부터 레스토랑에 이르기까지 가고 싶은 분야의 전문 정보를 찾아내야 한다. 프랑스의 전설적인 요리사 다니엘 뷜루(★ 4개를 받은 최고의 요리사임)가 쓴 책 '젊은 요리사를 위한 14가지 조언' 과 같은 책을 읽어보라. 과연 내가 가고자 하는 일이 내 생각과 맞아떨어지는지 점검하라.

이 때 중요한 것은 업종 선택과 기업 선택이 구체적이라야 한다는 것이다. 4학년이므로 머뭇거릴 여유가 없다. 막연한 것은 더 곤란하다.

그러므로 이 분야의 전문가들 조언을 받는 것도 정말 중요하다. 필자가 경영하는 회사의 컨설턴트들은 이런 일들을 전문하는 프로들이다. 취업사이트나 대학 내 취업정보실의 도움은 대단히 유용하다.

적성을 잘 모르겠다든가 선천적으로 적응력이 좋다면 미래 유망

기업에 달려가자. 그곳의 정보를 확인하고 공부하고 서류를 내며 시험을 쳐라. 보다 구체적이고 실천적이라야 취업에 성공한다.

2) 직장인 자세 갖추기

이제 정보를 수집했으면 직장인이 될 자격 요건을 갖추어야 한다. 정신자세부터 학창 시절 것을 버리고 규칙적인 생활 습관을 길러야 하며 대인 관계도 부드럽고 융통성 있게 그러나 끊을 것은 과감히 끊고 셈도 철저히 하는 생활인의 자세가 되어야 한다. 이제 더 이상 학생이 아니다. 윗 사람이 시키는 일은 목숨을 걸고라도 하는 척 할 수 있어야 하고 동료들 앞에서는 희생 정신을 보일 수 있는 능동적인 사람이 되어야 한다.

3) 실력은 부족하고 좋은 곳은 가고 싶고…

많은 학생들이 이 제목처럼 자신의 실력은 부족한데 연봉은 많고 복지가 잘 된 기업, 그 중에서도 네임 밸류가 좋은 기업을 찾는다. 그러나 그건 잘못된 일이다. 내 실력에 맞춰 우선 취업을 하는 것이 백 번 낫다. 아니면 아예 취업 재수를 해야 하는데 그건 정말 쉽지 않은 일이다. 이왕 원하는 곳에 갈 실력이 못된다면 일단 내 실력, 내 수준에 맞는 기업을 찾아 일하면서 새로 공부를 하고 경력을 쌓아 이동하는 것이 훨씬 바람직하다.

대기업을 모두다 선호하지만 다 좋은 것만 있는 것은 아니다. 대기업은 급여가 높고 보상체제가 잘 갖추어져 있지만 성과달성이나 실력 평가에 대한 압력과 논공행상이 분명하다. 사원들이 많고 동기들이 많아서 진급 때마다 심각한 스트레스를 겪는 일이 다반사이다.

담당업무가 세분화되어 있어 전문성은 높지만 몇 년 동안 같은 업무만 제한적으로 반복하며 정신없이 일하는 경우도 허다하다.

성격적으로 이런 것을 견디기 어려운 사람들은 대기업보다 중소기업을 선택하는 것이 낫다. 중소기업은 사람을 구하기 어려워서 웬만한 실력의 인재들이라면 우선 선택하기 마련이다.

대기업보다 급여나 복지 수준은 좀 떨어지지만 적은 수의 사원들이 일하므로 일은 정말 많이 배울 수 있고 다양한 일을 단기간에 처리하면서 경험을 쌓을 수 있다. 팀장이나 관리자로 올라설 수 있는 기간도 짧아서 리더로서의 자질과 책임을 빨리 배울 수 있다.

4) 벤처 기업과 소기업도 고려하라

작지만 알찬 소기업과 벤처 기업도 충분히 선택할 수 있는데 대부분 이런 곳은 피하려 든다. 그러나 잘 생각해 보라. 내 학교 공부와 취업 준비가 미진하다고 해서 업무 처리 능력이 떨어지는 것도 아닌데 선택조차 못 받는 대기업만 고집할 이유가 어디 있는가?

영어는 잘 못하지만 발품 팔아 뛰는 영업이나 손님과 대면하면 뭐든지 척척 알아서 고객들의 불편을 처리해 줄 자신이 있는 젊은이들도 많다. 그러므로 생각을 바꿔라. 내 형편에 맞춰 내 인생의 시작은 미약한 곳에서부터 하더라도 나중에 잘 되면 되는 일 아닌가?

문제는 이런 작은 기업들은 찾기가 어렵고 정보도 얻기 어렵다는 것이다. 그래서 코리아 리크루트 같은 취업 사이트나 취업 컨설턴트가 있는 법이다. 또한 기업의 채용 관련 페이지를 통해 알아보면 된다. 이 경우 해당업종과 사업내용, 기업의 개요 정보 등을 확인하고 일할 만한 곳인지를 확인하는 작업이 필요하다.

그런데 외형만 보고 기업이 좋다 나쁘다는 것을 평가하면 곤란하다는 것을 이야기하고자 한다. 안정적이고 내실 있는 기업은 단순히 매출액만 큰 기업이 아니라 속이 꽉찬 기업이다. 종업원을 위해주고 부채도 적은 기업을 찾아보라. 얼마든지 있다. 희망을 갖자!

5) 히든 잡 – 숨어 있는 1인치 정보를 찾아라

대개 공개적으로 구직자를 구하는 기업은 대기업들이다. 그러나 이런 기업들 말고 은근히 사람을 찾아서 슬쩍 데려가는 기업이 있다. 알짜 기업의 경영주는 소문난 잔치에 매달리지 않고 조용히 구직자를 찾는다. 인사부서가 수 천 수 만 장의 이력서를 골라내느라 애쓰는 것은 시간 낭비라고 생각하는 경영자가 있는 법이다. 이들은 경영자와 관리자, 혹은 사내 네트워크 등을 통해 조용히 인맥 네트워크를 가동한다. 이런 조용한 곳에 의외로 히트작이 숨어 있다. 관심을 가지면 이런 곳들에 눈이 가기 마련이다.

6) 내게 어울리는 맞춤 기업은 반드시 있다

사실 급여가 많은 곳은 대개 그만큼 사원을 혹독하게 부려먹는다. 돈을 주는 만큼 일 시키는 것이다. 그래서 시간적 여유가 필요한 사람들, 혹은 성격이 느긋한 사람들은 기업의 속사정을 잘 살펴서 들어가야 후회가 없는 법이다.

복지제도와 근로조건 확인하기도 중요하다. 중소기업의 경우 급여가 상대적으로 높아도 야근수당이 없는 곳도 있고 일이 너무 많아 휴일이 없는 곳들도 수두룩하다. 그러므로 내게 맞는 기업이 있다는 것을 명심하고 이를 찾아라. 지금 늦었다고 포기하는 분들은 바보나 다름없다. 포기하지 말고 전문가들의 도움을 적극 구하라. 욕심을 조금만 비우면 여러분에게 맞는 일은 얼마든지 있다.

7) 기업의 채용문화가 달라지고 있다

리스트럭처링이 메인 이슈로 떠오른 90년대에 들어와서 세계적으로 고용시장은 커다란 변화를 맞게 되었다. 우리나라도 예외가 될 수 없기에 채용문화는 빠른 속도로 바뀌어 왔다. 정시채용에서 수시채용으로, 신입직 위주에서 경력직 위주로, 학벌 등의 형식조건에서 실력위주의 능력조건으로, 이론적 지식보다는 경험적 창조성이 중시되는 채용문화가 형성되었다. 이런 기업들은 요즘 어떤 인재를 원하고 있는가?

"기업은 바로 투입 가능한 실전형 인재를 중시한다!"

기업들은 취업과 동시에 업무를 처리해 낼 수 있는 인재를 원한다. 전략적으로 커리어 디자인을 하고, 사회에서 필요한 능력과 직장인으로서의 마음가짐을 연마해 갈 때 비로소 필요한 인재, 대우받는 인재가 될 수 있다.

졸업 예정자의 대학 생활은 짧은 시간에 많은 것에 대해서 결정을 하고 결과를 내야 하는 시기이기 때문에 마음만 바쁜 상태에서 오히려 확실한 결과를 얻어내지 못한 채 허무하게 끝나버릴 수 있는 시간이라는 것을 자각해야 한다.

8) 졸업예정자의 커리어 디자인을 위한 준비작업

(1) 단기형 커리어 디자인의 아웃라인 잡기

졸업연도의 커리어 디자인은 기간 단위형, 실전형, 성과중심형의 계획이 되어야 한다. 그리고 스케줄링 자체에 체크 기능을 넣어서 단계별로 결과를 확인하고, 일련의 목적물들이 일관성 있게 연관되어 진행될 수 있도록 짜야 한다.

중점을 두어야 할 내용으로는, 학습활동의 결산물인 졸업논문 또는 작품, 자신의 능력을 객관적으로 보여줄 수 있는 자격증과 커리어 포트폴리오, 자기분석 및 업종 · 기업 · 직종의 선택, 프리젠테이션, 면접훈련 등의 직장매너, 이력서 작성, 취업온라인 사이트 등록, 기업설명회 참가, 선배찾아보기, 인턴십 참여 등 실질적인 구직활동 등이 되겠다. 이상의 내용들을 시험 등 학사활동과의 관계를 고려해 계획을 세운다.

(2) 정보 수집

성공적인 커리어 디자인 수립을 위해서 정보 수집은 절대조건이다. 신문, 잡지, 인터넷, 강의 시간, 세미나, 친구, 선배, 동아리모임, 교수, 취업기관 등 모든 것들이 귀중한 정보원이다. 졸업 예정자들의 정보 수집은 분류화, 집중화 되어야 한다. 약 10개월 이내의 기간 내에 결과를 내기 위한 정보 수집이 되어야 하기 때문이다. 이

과정을 통해서 정보분류법, 정보관리법, 대인관계 매너, 정보관리 툴 사용법, 판단력 등을 길러야겠다는 욕심도 가져볼 만하다.

(3)경험 쌓기

신입직이라 해서 반드시 신입이라는 법은 없다. 아니 신입직이라 해도 사회에서는 경력직에 가까운 신입직을 원한다. 직업과 연관되는 값어치 있는 경험이 필요하다. 예를 들면, 여행을 하더라도 목적 있는 여행이 좋다. 아르바이트, 인턴 경험 등도 돈보다는 장래의 직업과 연결되는 쪽으로 선택하는 것이 좋다.

(4) 자기분석

자기 자신을 정확하게 알 때 성공적인 커리어 디자인이 가능하다. 자기 자신을 객관화 할 수 있어야 하는 것이다. 그러기 위해서

■ 전문적인 자기 분석도구

1. 노동부 고용안정정보망 워크넷(직업선호도 검사, 직업적성검사)
   http://www.work.go.kr
2. 한국직업능력개발원 커리어넷(직업기초능력검사, 직업가치관검사)
   http://www.careernet.re.kr
3. MBTI(심리검사), STRONG(직업흥미검사), GATB(직업심리검사) 등
4. 교내 적성검사

는 위에서 언급한 사항들은 물론 타인과의 대화, 검사툴의 사용, 도출된 결과의 문자화, 어떠한 현상을 자기 나름대로 소화해서 정리하는 노력이 필요하다. 다시 말하면 자기정립 능력을 키워 나가는 의미도 있다.

(5) 신속한 의사결정이 필요하다

학업을 계속할 것인지, 기업에 취직할 것인지, 공무원이 될 것인지, 창업할 것인지 진로 결정은 빨리하는 것이 좋다. 예전에는 고시공부 외에는 시간을 두고 결정을 해도 되었으나 최근 사회는 맞춤형으로 직업에 대한 준비를 하지 않으면 때를 놓치고 만다.

나아가 명확한 목표의식을 가지고 일상생활을 해 나아가야만 필요한 인재로서 인정받으면서 좋은 대우로 사회에 진출할 수 있는 것이다.

(6) 구직자의 커리어 디자인 및 스케줄링

구직자의 커리어 디자인은 장기적 인생계획을 고려한 상태에서 구체적인 직업설계를 수립하고, 실행 스케줄을 잡아야 한다. 특히 단위 기간별로 실행되어야 효율적이다. 자기의 전공을 살려서 어떤 업종에서 어느 업무를 할 것인지, 대상 직장은 어떠한 곳인지, 결정된 목표와 방법론 등이 명확하게 나와 주어야 한다.

리크루트 인재개발연구소는 커리어 디자인의 스케줄링을 10주 단위로 제안하고 있다. 자신의 상황과 맞춰서 응용하면 좋을 것이다.

가. 단계별 실행계획

취업의 좁은 문을 향한 대학생의 경쟁이 날로 치열해지고 있다. 현재의 취업난은 경기침체라는 단순한 이유만은 아니다. 대학 진학률의 증가, 노동수급의 불균형, 여성인력 사회진출의 증가, 사회의 니즈를 반영시키지 못하는 교육정책 등 구조적인 문제가 잠복하고 있다. 때문에 당분간 취업난이 계속되리라는 예측이 일반적이다.

취업을 앞 둔 졸업예정자들은 이를 냉엄하게 받아들이고 자신의 취업에 대해서 고민하고 대책을 세워야만 하는 시대이다.

먼저, 직업인의 스타트라인이 될 취업이란 관문을 확실하게 통과할 수 있도록 커리어 디자인을 세우도록 한다. 자기가 목표로 하는 직장에 필요한 기본 소양과 능력을 갖추기 위해 체계적이고 집중적으로 실행해 갈 수 있도록 설계를 하자.

실행계획은 졸업논문 또는 졸업 작품과 관련된 학습관련 분야, 자격증과 커리어 포트폴리오 등과 같은 결과물 분야, 업종 · 기업 · 직종의 선택과 관련된 의사결정 분야, 프리젠테이션, 면접훈련 등의 직장매너와 관련된 취업스킬 분야, 취업온라인 사이트 등록, 기업설명회 참가, 선배찾아보기, 인턴십 참여 등과 관련된 구직활동 분야 등으로 나누어서 구성한다.

나. 커리어 디자인 실천행동

이제는 커리어 디자인을 현실적으로 구현시키는 마지막 작업만이 남아 있다. 자기의 취업전략을 다시 한 번 점검하고 취업지도 담당자와 만나서 가장 적합한 전략이 무엇인지 최종적으로 결정하고, 각 분야별로 하나하나 결과를 얻어야 한다. 그리고 본격적으로 취업활동을 전개한다. 물론 이 시점에서는 과감하게 가지치기를 하고, 1단계안, 2단계안, 3단계안으로 구분해서 타깃을 정하고 집중적으로 공략한다.

취업결정 시기는 앞당길수록 좋다. 다시 말해서 취업활동을 시작하는 시기 자체를 앞당기자는 것이다. 졸업예정자에게 있어 학점관리나 졸업논문 등으로 학년 말이 가까워올수록 바빠지기 때문이다. 정시채용과 상시채용의 정보를 정확하게 캐치해서 스케줄에 차질이 없도록 해야 할 것이다. 취업활동에 직결되는 사전 준비 사항으로서 입사서류의 업그레이드, 서류내용의 완벽한 소화, 면접용 정장 구입, 면접 리허설 등은 꼭 짚고 넘어가야 한다.

(7) 직장선택 이것이 핵심이다.

취업 눈높이는 합격률에 맞추라! 인생은 선택(결정)의 연속이다. 회사선택이 갖는 의미는 "인생에서 꼭 필요한 테크닉의 훈련이자 인생의 첫 출발을 결정짓는 분기점을 제공하는 행위"라고 말할 수 있다. 여기에서 중요한 어드바이스 한 가지. 장기 커리어 디자인에서 보면 확실하게 경력관리가 가능한 업종의 직장과 자신이 원하는 직종에서 일할 수 있다면 눈높이는 취업이 가능하게 맞추라는 것이다.

가. 선택 프로세스의 정석 : 관심회사의 리스트 업 → 미디어를 활용한 정보수집 → 해당회사 를 잘 아는 사람에게 들어 본다 → 직접 가서 알아본다 → 선택한다

나. 사풍(社風)을 파악한다 : 사풍은 많은 사람이 밀접하게 관계하면서 사업을 진행해 간다. 더구나 긴 시간을 같이 생활하는 장소인 만큼 사풍은 상상 이상으로 영향을 미친다. 그러므로 사풍을 안다는 것은 취업활동에 힘을 실어준다.

■ **직업정보는 어디서 찾나**

1. 한국직업능력개발원 커리어넷
   http://careernet.re.kr
2. 한국직업사전
   http://work.go.kr/wnwiWDicSearch
3. 한국표준직업분류
   http://laborstat.molab.go.kr/sub03_04.jsp
4. JOB MAP
   http://www.work.go.kr/wneiJobmapNameSearch
5. 한국직업정보시스템
   http://know.work.go.kr

2. 대학 1년부터 준비하자

우리나라 젊은이들은 대학에 입학하고 나면 지옥 같은 입시에서 벗어났다는 안도감 때문에 당분간 쉬고 싶어하는 경향이 있다. 그러나 이 쉼은 말 그대로 당분간만이라야 한다. 이 당분간이 MT 가고 동아리 모임하는데 따라다니며 축제와 미팅으로 이어지다 보면, 어느 새 공부는 뒷전으로 밀려나고 즐거운 휴기만 계속 하는 사태가 생기기 때문이다.

필자가 오랜 동안 취업 준비생들을 만나서 이야기를 나누어 본 결과 결론적으로 얻은 것은 "1학년이 가장 중요하다"는 것이다. 대학 1학년은 자신의 취업을 준비하는 첫 번째 관문이기 때문이다.

1) 자신의 정확한 적성 찾기

자신의 적성을 아는 것은 무엇보다 중요하다. 특히 직업적성을 그 예로 들어보면, 특정 직업에 종사하여 그것을 효과적으로 수행할 수 있을 만한 능력이나 성격 특성이 그 직업에 종사하기 이전이나 특별한 훈련을 받기 이전에 잠재적으로 존재하고 있는지를 알아보는 것이다. 그러므로 이것을 사전에 체크해 보고 자신의 적성이 어떤지 어떤 직업이 내게 어울리는지를 아는 것이 곧 직업 선택에서 힘이 된다. 전혀 맞지 않는 직업을 선택하여 심각하게 진로를 고민하는 사원들을 보며 안타깝게 생각한 적이 한 두 번이 아니다.

대학 1학년 때부터 자신의 적성을 확인하고 그에 맞는 과목을 수강하며 철저히 준비하는 것이 4년뒤 후회하지 않는 선택이 될 것이다.

2) 적성에 맞는 직업과 직장정보수집

적성을 알고 나면 나에게 맞는 직장을 찾는 일이다. 가고 싶은 직장에 다니는 선배들을 찾아다니며 조언을 듣는 것은 그래서 대단히 중요하다. 선배의 입장에서도 적극적으로 회사까지 찾아와서 그 회사의 장단점을 물어보는 후배들에게 무한한 애정을 느끼게 될 것이다. 이는 곧 선배의 충고 뿐 아니라 그 회사에서 자신을 선택하게 하는 첫 번째 도전이 될 수 있다.

필자가 아는 후배는 이렇게 수 년간 선배를 찾아다니다 그 회사에 입사한 경우다. 합격이 확정된 후 그 선배가 후배에게 이렇게 말했다고 한다.

"너 취직 안 시켜주었다가는 내내 날 찾아올까봐 걱정이 되어서 말이야…"

이런 집요함이 있어야 한다.

3) 구직 활동

이젠 본격적인 구직 활동이다. 대학 4년 동안, 남자의 경우 6년 이상 동안의 모든 학창 시절에서 목표는 구직 활동과 연계되어 있도록 의식적으로 준비하고 있어야 한다. 수강 신청 과목을 선정할 때부터 내가 가고 싶은 회사, 내가 하고 싶은 직종, 직무와 관련 있는 것을 듣도록 훈련을 시작하라.

학창 시절 호기심으로 한 번씩 해보는 세미나 참가나 사회 동호인 모임 같은 곳에도 관심 가는 곳을 즐겨 찾아서 대인관계를 강화시켜 간다. 내가 움직이는 모든 것은 구직 활동과 관계있다는 생각을 한 시도 버리지 말라. 티끌 모아 태산이라고 이렇게 준비하고 투자한 사람이라면 절대 직장을 못잡고 재수 삼수하는 일은 없을 것이다.

인턴 사원 모집, 기업의 이벤트, 기업의 여러 가지 기획행사들에 빠지지 말고 참석하는 것도 좋은 일이다. 마지막에 원하는 기업의 면접관에게 이렇게 이야기하면 그들도 감동을 받을 수밖에 없다.

“전 이 회사를 오기 위해 대학 1학년 때부터 이 회사가 하는 모든 행사에 한 번도 빠지지 않고 참가해 왔습니다. 제1회 대회 때는 …, 제2회 대회 때는 …” 이 정도의 성의만 있으면 남극에 가서도 취직이 가능하다.

4) 취업

취업의 길은 이처럼 멀고 험하다. 그저 우연히 걸러 얻어지는 것이 아니다. 노력하고 깊이 파라. 하루도 목표를 잊어버리리 말고 대학 생활을 즐겨라. 그러면 대학 졸업 후 좋은 곳에 원하는 곳에 들어갈 수 있게 된다.

취업하고 나면 여러분이 하고 싶었던 일, 등산, 낚시, 인포멀 그룹 활동 등을 실컷 즐겨라. 인생은 여러분의 것이다.

3. 4년간의 구체적인 취업 시간표

이제 앞에서 살펴본 것들을 대학 4학년에 어떻게 적용하고 펼쳐 놓을 것인가를 계획하라. 실전적 계획만이 나를 강하게 하고 기업이 나를 선택하게 만든다.

1) 1~2학년 때 해야 할 일

(1) 자기 분석

자신을 정확히 아는 것이 정말 중요하다고 앞서 말해 왔다. 그러므로 정확한 자기 분석이 제일 중요하다. 적성검사, 인성 검사, 그리고 MBTI검사(사람의 성격과 행동 패턴을 연구 검사하는 것) 등을 통해 자신이 어떤 성격과 행동 패턴을 가지고 있으며 어떤 직종에 어울리는지, 어떤 일을 잘 할 수 있는 사람인지를 파악하는 단계다.

(2) 직업 선택

저학년 때 직업 선택을 해 두면 더 이상 방황하지 않는다. 목표가 정확할수록 준비단계에서 흔들리지 않기 때문이다. 이 때 중요한 것은 너무 높은 이상을 갖지 말고 실현 가능한 일에 도전하라는 것이다.

체력을 소모하는 운동이라고는 전혀 할 수 없는 학생이 자신은 체육교사가 되겠다고 꿈을 꾼다면 문제가 있다. 불가능한 일은 아니지만 그 방면에 소질이 있는 사람보다 몇 배나 노력해야 쫓아갈 수 있다는 사실을 기억하자.

(3) 동아리 활동

의외로 동아리 활동이 구직 단계에서 도움이 된다. 선후배 관계가 중요한 만큼 동아리 모임에서 만난 선배들이 구직의 단초를 제공해 주며 많은 정보를 주게 된다. 동아리 모임을 즐기면서 선배도 알게 되니 꿩 먹고 알 먹고가 아닌가.

(4) 외국어

외국어는 기본이다. 영어는 필수고 제2외국어 하나 정도를 해 두면 어떤 기업에 가서도 떨릴 것이 없다. 외국어를 마스터한다는 것은 하나의 고지를 점령하는 것처럼 어려운 일이다. 대부분은 고지의 능선 70%나 80%까지 가다가 지쳐 떨어진다. 그리고 다시 오르고 실패하는 일을 되풀이한다.

거기에 얼마나 많은 돈과 정력과 시간이 투자되는지 생각해 보라. 이왕 시작한 외국어 공부라면 반드시 정상을 오르자. 그 다음부터는 다른 공부를 하면 된다.

(5)학점 관리

대학 1, 2학년 때 만용을 부리며 놀다가 학점에 쌍권총을 차고 두고두고 후회하는 학생들을 자주 본다. 학점 관리는 기본이다. 나중에 졸업증명서와 함께 성적증명서를 뽑아보면 금방 후회하게 될 일을 지금 당장 편하게 즐기자고 내버려 둔다. 열심히 못 해서 학점이 엉망이 되면 재수강을 해서라도 반드시 점수를 올려둬라. 안되면 학점 포기라는 것도 있지 않은가? 교수님에게 달려가서 애걸복걸하는 것도 기술이다. 학점은 내 인생 출발점을 평가하는 첫 테스트이다.

2) 3학년 때 할 일

(1) 직장 선택

직장을 어떤 곳으로 선택할지 이제 정하고 한 곳에 몰입할 때다. 신중하게 고르고 모든 정보를 분류하여 골랐다면 이제 할 일은 내가 가고 싶은 곳, 내 실력과 수준에 맞는 곳, 내가 원하는 어느 정도의 대우가 있는 곳을 골라 목표로 정하는 것이다. 지방 근무가 불가능한 사람이 지방에 있는 직장을 고르는 사람은 없을 것이다. 내 형편과 처지에 어울리는 가장 적합한 곳을 고르자.

(2)핵심경력관리

내가 가고 싶은, 하고 싶은 일의 유관성을 이어가는 작업이다. 항공 관제사가 꿈이라면 대학 시절 부지런히 이와 관련한 일을 쫓아다닐 필요가 있다. 고교 시절부터 모형 항공기 대회 참석은 기본이고, 항공사 이벤트 참가, 항공 관련 학점 이수는 해 왔어야 한다. 늦었다면 지금부터다. 안산 등지에 있는 비행 훈련학교 등에 가서 직접 비행기를 조종하고 하늘을 날아보는 것도 중요하다. 내가 얼마나 유관한 일에 최선을 다해 왔는지가 경력 관리의 요점이다.

(3) 외국어, 학점관리

외국어와 학점 이야기는 이제 신물이 날 것이다. 3학년이 되어 늦었다고 생각되더라도 지금 당장 시작하라. 하루도 뒤로 미루지 말고 시작하는 것, 그때가 출발선이다.

3) 4학년 때 할 일

(1) 실전 취업스킬

실전 취업 스킬이란 말은 누구나 알 것이다. 이제 본격적인 취업준비다. 채용설명회를 비롯해 각종취업클리닉 상담센터 등이 운영될 때마다 직접 참여하면서 경험을 쌓아가는 것이다. 또 취업 동향과 전략, 프리젠테이션 스킬 등 각종 취업 특별강연과 실전모의면접, 대기업 직무적성검사 모의시험 등 각종 경시대회도 눈여겨 봐두면서 경력 관리를 해 나가야 한다.

(2) 외국어

외국어는 이제 실전 외국어로 가야 한다. 무역을 전공하고 무역 회사로 가고 싶은 이들은 무역 영어를, 선박 회사로 가고 싶은 이는 선박 영어를, 이런 식으로 전공과 가고자 하는 회사를 연계한 외국어 공부를 직접 익혀가라.

(3) 자격증

현대는 자격증 시대다. 남에게 경쟁력을 갖추는 것 가운데 자격증만큼 뛰어난 것은 없다. 일부 자격증은 취업 후 수당이 나올 만큼 여러 면에서 유리하다. 1급 기사 자격증 2급 기사 자격증 등 각 분야의 자격증 도전을 속히 해 치우라. 인센티브 점수를 받는 것 이상의 유리한 점이 생길 것이다.

(4) 학점관리

학점 관리는 얼마나 중요한 지 두말할 필요도 없을 것이다. 호기심은 이제 그만. 꼭 들어야 할 것만 듣고 점수가 잘 나올 과목을 듣는 것도 지혜다.

(5) 학회 모임에 참여하라

학회 모임도 중요하다. 4학년이 되면 대학원 진학과 직장 문제를 놓고 최종 결정을 해야 한다. 계속 공부를 할 학생이라면, 또 관련 있는 직종에서 교수님들과의 끈을 놓고 싶지 않는 학생이라면 학회를 잘 이용하라. 이것이 취업 준비생 여러분에게 도움이 될 것이다.

(6) 최고가 아니라 최초가 되어보자

이제 경쟁자가 너무 많아서 최고가 되기에는 보통 힘든 것이 아니다. 최고는 한 사람밖에 없다. 그러나 최초는 얼마든지 할 수 있다. 국민 교사라고 불리는 이어령 교수는 이렇게 이야기한다.

"우리 사회는 한 방향으로 달려가는 것 때문에, 모두가 최고가 되려는 생각 때문에 지나치게 경쟁적이다. 왜 한 방향으로만 달려가려 하는지 모를 일이다. 여러 방향으로 다양하게 달려가면 모두가 최고의 선수가 될 수 있다."

그것이 최고가 아니라 최초라는 것이다.

4) 방학 적극적으로 활용하자

(1) 대학에서의 방학의 중요성

대학에서의 방학은 매우 소중한 시간이다. 기간도 길 뿐 아니라,

학생이라는 안정된 신분을가지고 있어 다양한 많은 경험들을 접할 수 있는 좋은 기회이다. 따라서 방학의 시간 활용계획은 중요하다. 대학을 다니는 4년 동안 방학은 8번이다. 방학동안 부족한 것을 채우거나 새로운 도전을 위해 최대한 활용해야 한다.

(2) 방학 때 할 수 있는 것들

가. 아르바이트

방학동안 취업에 도움이 되는 아르바이트를 해보자. 방학을 맞은 대학생들은 대부분 아르바이트에 큰 관심을 보이고 있다. 다음 아르바이트 중에 어떤 아르바이트를 선택하는 것이 가장 효과적일까?

- 자신의 전공과 적성에 관련된 아르바이트
- 자신의 취미를 활용할 수 있는 아르바이트
- 집에서 자유롭게 할 수 있는 아르바이트

직업선택을 할 학생이라면 무엇을 해야 할지 금방 알게 될 것이다.

다른 분야로 눈을 돌려보자. 컴퓨터 관련업종을 원한다면, 실질적인 업무경험이 중요하므로 동종업계 프로젝트나 홈페이지 제작 등 개발업무 아르바이트를 방학을 이용해 해보는 것도 좋다.

대기업에 취직이 목표라면, 토익점수, 회화능력을 튼튼이 쌓고 각종 국제 행사진행 아르바이트나 해외 및 국내기업 인턴십 제도를 활용하자. 통역, 번역 아르바이트도 좋다. 이것을 잘 해 두면 취직에 대단히 유리하다.

필자가 아는 대학생은 어학에 소질이 있어서 번역 업무를 조금씩 아르바이트를 하고 있었다. 그러다가 한 교수의 집필을 도와주게 되었는데 그 인연으로 교수 추천으로 모 방송국 번역일을 맡게 되었다. 취업의 길은 이렇게도 열리는 것이다.

디자인 관련 업무를 하기위해서는 디자인 기초설계지식을 익히기 위해 일러스트 활동, 웹디자인, 소품제작 등이나 동종업계 상품을 판매하는 것도 도움이 된다.

광고관련 업무를 하고 싶다면, 광고에 대한 기본지식과 직무관련, 순발력이 중요하므로 리서치 조사원, 각종 모니터 회원 등의 활동으로 대중심리를 이해해 보는 것도 해볼만 하다.

홍보 · 마케팅 관련업무는 다방면에 아는 것이 많고 기사작성 능력이 필요하므로, 전화상담, 리포터 및 서퍼 아르바이트를 구해보자. 시장에 직접 뛰어드는 도우미 활동이나 시식요원, 매장판매, 상품홍보 아르바이트도 추천할 만하다.

유통 · 영업직은 원만한 대인관계와 대화의 기술이 중요하므로 전화응대, 상담, 회원유치, 텔레마케팅 등 사람들과의 접촉이 많은 아르바이트가 도움이 된다. 이처럼 방학은 유용하게 쓸 수 있는 좋은 기회를 제공해 준다. 방학을 이용해 취업에 도움이 되는 자격증을 미리 준비해 두는 것도 좋다.

'정보처리기사 및 기능사' 는 공무원시험에 가산점제도가 있으며 '전산회계운용사' 는 공무원임용, 국영기업체 입사 시 우대가 가능하며, '컴퓨터활용능력' 은 공무원 임용 및 승진 시 가산점이 부여된다. 이 밖에도 MCSE, MCDBA, MCSD, PCP, CCNA, MOUSE 등도 취업에 도움이 된다. 참고로 유망자격증 시행처는 다음과 같다.

- 전자상거래 관리사 - 대한상공회의소
- 변리사 - 특허청 발명진흥과
- 증권분석가 - 한국증권업협회
- 보험계리인 - 금융감독원
- 투자상담사 - 한국증권업협회
- 물류관리사 - 건설교통부, (사)한국물류협회
- 직업상담사 - 한국산업인력공단
- 감정평가사 - 건설교통부, 한국감정평가협회
- 관광통역안내원 - 한국관광협회
- 국제회의기획전문가 - 한국관광공사 국제회의부

나. 주요 방학중 경력쌓기에 참고할 만한 사이트 가이드

(1) 아르바이트 구인사이트

No	사이트 이름	홈페이지 주소	특 징
1	아르바이트 천국	www.arbi.co.kr	지역별 아르바이트 정보, 테마별 구인정보
2	알바누리	www.albanuri.co.kr	8개 취업 사이트에 구직자 동시 등록
3	알바팅	www.albating.com	맞춤 구인구직 정보
4	알바몬	www.albamon.com	실시간 아르바이트 정보
5	알바루트	www.albaroot.com	지역별 채용정보, 구직정보 제공
6	아르바이트 애니알바	www.anyalba.com	직종별 아르바이트, 알바가이드, 알바토크 제공
7	구인뱅크	www.guinbank.com	맞춤 구인구직 정보
8	아르바이트 닷컴	www.arvit.com	아르바이트 정보교환
9	아르바이트 특채	www.4alba.com	지역별, 직종별 아르바이트
10	아르바이트센터	www.albacenter.co.kr	메일링리스트 제공, 연령별 맞춤검색 제공

(2) 어학연수 / 외국어 공부

No	사이트 명	홈페이지 주소
1	유학닷컴	http://www.uhak.com
2	지오넷	http://www.geonet.co.kr
3	월드유학닷컴	http://www.worldyuhak.com
4	유학네트	http://www.eduhouse.net
5	종로유학원	http://www.chongroyuhak.com/
6	KNK 유학원	http://www.knkuhak.co.kr/
7	유학24	http://www.uhak24.com/
8	세계유학정보센터	http://www.studyabroad.co.kr/

(3) 봉사 활동

No	사이트 명	홈페이지 주소
1	한국사랑의집짓기운동연합회 (한국해비타트)	http://www.habitat.or.kr
2	YASI (소년소녀)	http://www.yasiworld.org/
3	서울시사회복지협의회	http://www.s-win.or.kr/
4	국제대학생자원봉사연합회	http://www.daejayon.org
5	국제워크캠프기구 (IWO)	http://www.1.or.kr/
6	국제자원봉사협회	http://www.kiva.or.kr/
7	한국자원봉사센터협의회	http://www.kavc.or.kr/
8	세계청년봉사단	http://www.kopion.or.kr/
9	한국해외봉사단	http://www.kov.or.kr
10	태평양 아시아 청년봉사단	http://www.pas.or.kr

(4) 자격증 취득

① 외국어 관련 자격증

외국어	시 험 명	시행처 및 홈페이지 주소
영 어	TOEIC YBM	YBM시사영어사 (www.ybmsisa.com)
	TOEFL	한미교육위원단 (www.fulbright.or.kr)
	G-TELP	G-TELP (www.g-telp.co.kr)
	TEPS	TEPS관리위원회 (www.teps.or.kr)
일 어	JPT	YBM시사영어사 (www.ybmsisa.com)
	JTRA	JTRA 시험관리 위원회 (www.jtra.co.kr)
	NPT	일본어뱅크 (www.nihongobank.co.kr)

외국어	시 험 명	시행처 및 홈페이지 주소
중국어	HSK(중국한어수평고시)	한국HSK위원회 (www.hsk.or.kr)
프랑스어	DELF(일반프랑스어자격시험) DALF(고급프랑스어자격시험)	서울 알리앙스 프랑세즈 (www.afseoul.or.kr)
독일어	ZDAF(독일어기초학력증명시험) ZMP(독일어중급학력증명시험)	괴테인스티투트서울 (www.goethe.de/os/seo/kospruef.htm)

② 컴퓨터 관련 자격증

기관 & 홈페이지주소	자격 종목
대한상공회의소 검정사업단 (http://license.korcham.net/)	워드프로세서 1,2,3급, 컴퓨터활용능력시험 전자상거래 관리사, 컴퓨터 운용사 등
한국산업인력공단 (http://www.hrdkorea.or.kr)	정보처리(산업)기사, 사무자동화산업기사 컴퓨터그래픽스운용기능사 게임프로그래밍전문가, 게임그래픽전문가, 게임기획전문가, 멀티미디어콘텐츠제작전문가
한국생산성본부 (http://www.kpc.or.kr)	정보검색사 인증시험(SPC)
한국정보산업연합회 (http://www.fkii.or.kr)	PC활용능력평가시험(PCT)
한국정보통신 인력개발센터 (http://www.ihd.or.kr)	인터넷정보검색사 1급/2급, 인터넷전문검색사
Microsoft(http://www.microsoft.com/traincert/mcp/default.asp)	MCSE, MCSD, MCDBA, MCT, MCP, MCPI (Internet Specialist)
CISCO (http://www.cisco.com/kr/)	CCNA, CCDA, CCNP, CCDP, CCIE

기관 & 홈페이지주소	자격 종목
SUN (http://www.suntraining.co.kr)	CSA, SCNA, SCJP, SCJD, SCAJ
ORACLE (http://www.oracle.com/kr/)	OCP

5) 기업활동 맛보기와 기타 공모전 / 대회 / 세미나 참석하기

기업 활동에 참여하는 것은 대단히 중요하다. 앞에서도 언급했지만 기업은 다양한 사회활동을 펼치고 있다. 문화 행사를 비롯한 사회 봉사 활동, 기업 이윤 창출을 위한 신제품 발표, 경연대회, 홍보 행사, 판촉 활동 등에 많은 돈을 쏟아 붓는다. 그러므로 여기에 소비자들이 어떻게 반응하는지가 정말 궁금할 것이다. 취업 준비생들은 이런 기업 관계자의 소비 심리를 이용해야 한다.

모 통신사 휴대 전화 홍보담당자는 모니터 활동을 하며 소비자들의 반응을 회사 고위층에 알리는 직무를 맡고 있다. 그런데 전국에서 모집한 모니터 가운데 유독 눈에 띄게 모니터링을 해 주는 여성 한 명을 알게 되었다. 논리가 정연하고 문제 의식이 뛰어나 신제품이 나올 때마다 분명한 의견을 내는 것을 알고 그녀를 한 번 회사로 초대했더니 4학년 학생이었다. 물론 그 학생은 휴대폰 회사의 모니터실 관리자로 채용되었다.

공모전, 대회, 세미나도 같은 이유에서 정말 적극적인 참석이 중요하다.

■ 투잡, 쓰리잡의 유의사항

최근 방학을 맞이한 많은 대학생이 아르바이트를 구하려고 한다. 하지만 자칫 잘못하면 범죄자가 될 수 있어 주의가 요구된다. 용돈이나 등록금을 벌기 위해, 또 사회경험을 쌓기 위해 시작한 아르바이트가 예기치 않은 족쇄가 될 수도 있다는 것이다.

가장 대표적인 예가 스팸메일 발송 아르바이트다. 사무보조 업무나 데이터베이스(DB)구축이라는 업무로 구인공고를 올리는데, 정작 주어지는 업무는 스팸메일 발송인 경우가 있다. 이런 일을 맡았던 대학생이 다른 사람의 인적 사항을 위조 사용한 혐의와 함께 스팸메일 대량 발송으로 인한 타 업체 서버 마비 등의 혐의로 200만 원의 벌금형을 선고 받았다는 뉴스도 있었다.

또한 PC방 아르바이트는 성인 PC방인지를 정확하게 확인해야 한다. 대부분의 성인 PC방은 도박 등 불법의 온상지로 방조혐의로도 구속이 가능하다.

또 동네에서 흔히 볼 수 있는 전단지 배포도 주의를 해야 한다. 각종 간판과 현수막, 벽보, 전단 등의 옥외광고물은 설치하기에 앞서 각 지자체에 허가를 받거나 신고를 하도록 정하고 있는데, 이를 어길 경우 최대 500만 원까지 벌금을 물게 된다. 따라서 광고물을 배포, 설치하기 전에 시장이나 군수, 구청장 등에 신고 및 허가 절차를 마쳤는지 여부를 확인해야 한다. 또 마사지업소, 노래방도우미, 역할대행 등도 잘못 취업하면 성매매알선 등에 관한 법률 위반으로 처벌 받을 수 있다.

불법인지 모르는 채 구인공고에 응했다하더라도 자신이 하고 있는 일이 적법한 일인지 주의를 기울여야 할 필요가 있다.

4. 나를 팔려면 무엇을 키워야 할까?

1) 국제감각과 외국어 능력을 키우자

외국어는 자꾸 중복해서 언급하게 되는데 그만큼 중요하기 때문이다. 외국어 능력에 대한 인사담당자의 판단은 어떨까? '만약 600점 미만의 토익점수와 토익점수가 없는 사람을 비교한다면' 이란 질문에 인사담당자들의 77%이상이 토익점수보유자가 그렇지 않은 사람보다 낫거나 비슷하다는 의견을 나타냈다.

- 점수가 없는 사람이 낫다 (22.4%)
- 그래도 토익성적 보유자가 낫다(30.4%)
- 비슷하다 (47.2%)

토익점수와 커뮤니케이션의 상관관계는 보통 아래와 같이 나눌 수 있다.

레벨	점 수	평 가
A	860이상	Non-Native로 충분한 커뮤니케이션을 할 수 있다
B	730이상	어떤 상황에서도 적절한 커뮤니케이션을 할 수 있는 바탕을 갖추고 있다
C	470이상	일상생활의 필요를 충족하고, 한정된 범위내에서는 업무상의 커뮤니케이션이 가능하다
D	220이상	일상회화에서 최저한의 커뮤니케이션이 가능하다
E	220미만	커뮤니케이션을 할 수 있는 단계가 아니다

그렇다면 보다 재미있게 외국어 공부를 하는 방법은 어떤 방법이 있을까? 간단하게 다음 4가지 방법으로도 영어와 친숙해진다.

① 팝송을 200개만 외우면 회화에 문제 없다.
② 좋아하는 영화를 원어로 대사를 외울 때까지 보라.
③ 외국인 친구를 사귀자.
④ 펜팔을 하자.

2) 유연한 사고와 창의력을 가지자 (멘탈 블록 체크)

인간의 뇌는 유전적 요인과 환경적 요인으로 뇌력이 결정된다. 특히 12~15세에는 시냅스 연결 강화의 결정적 시기로 그 당시의 환경으로 성격이나 행동이 결정된다.

멘탈 블록이 강한 사람은 매너리즘이 형성되어 있고, 완벽주의를 추구하며, 비난과 비판을 즐긴다. 또한 칭찬과 격려를 잘 하지 않는 것이 그 특징이다.

취업하는 문제에 있어 멘탈이 차지하는 비중은 대단히 크다. 멘탈이란 정신력이다. 정신적인 영역은 보다 개인적인 것으로 남이 이래라 저래라 할 수 있는 성질의 것이 아니다. 멘탈은 개인차에 따라 다르지만 그렇다고 그 중요성을 부인할 수는 없다.

이런 중요한 멘탈을 키우기 위해서는 다양한 경험을 쌓아가는 것이 중요하다. 경험들을 바탕으로 어떤 사람은 특별한 상황이나 일을 만나도 아무렇지도 않은 상황에서 어떤 사람은 엄청난 압박을 느끼는 경우가 있다. 어떤 사람도 사람마다 다르게 느끼는 압박 상황을 속시원히 해결해 주지 못한다.

왜냐하면 멘탈이란 지극히 개인적인 문제이며 오직 본인 만이 그 상태를 알 수 있고, 본인 만이 그 상태에서 벗어나게 할 수 있기 때문이다.

뇌력을 강화하기 위해서는 자기 자신을 있는 그대로 받아들이고 불투명한 미래에 대한 잠재적 불안이나, 본인의 실패에 대한 두려움 등을 제거하는 것이 필요하다. 그러면 자신감과 열정이 살아난다. 누구나 낯설고 새로운 일에는 두려움을 느낀다.

'자신이 없다' 는 것은 결코 나쁜 것이 아니다. 누구나 새로운 것을 시작 할 때는 자신이 없는 법이다. 게다가 새로운 것을 처음 대할 때엔 열정도 생기지 않고 진척도 되지 않는 것이 보통이기에 '정말로 이 정도면 괜찮을까' , '더 좋은 방법은 없을까' 하고 전전긍긍하다가 자신감을 잃게 된다. 만약 지금 여러분이 무엇인가에 자신이 없다면 그것은 앞으로 크게 성장 할 수 있는 기회이다.

이제부터 나만의 자신감을 만들어 가면 되니까. 그러면 나만의 자신감을 만들어가기 위해 자신의 상태를 알아보는 것은 무엇보다 중요하다. 내가 가지고 있는 고정관념과 부정적인 사고방식의 정도를 알아보고 거기서 벗어나도록 다음 표를 통해 자신의 멘탈을 측정해 보자.

■ 멘탈블록 레벨 측정

– 자신의 경우에 해당하는 항목에 체크하고, 체크한 개수를 세어보자.

☐ 회의때에 하고 싶은 말이 있어도 좀처럼 하지 못한다.

☐ 자기가 생각한 대로 잘 안되는 경우 '괜찮아' 라고 생각하고 만다.

☐ 어려운 업무나 문제가 생기면 우선 나중으로 미룬다.

☐ 종종 주변 사람들과 비교하여 스스로 컴플렉스를 느낀 적이 있다.

☐ 다른 사람의 부탁을 받으면 마음이 무거워진다.

☐ 같은 일을 해도 고마워하는 사람이 있고 그렇지 않은 사람이 있다.

☐ 실수한 경우 자신의 잘못이 무엇인지 먼저 되돌아 생각해 본다.

☐ 여러 사람들 앞에서 말하는 것이 자신이 없다.

☐ 월요일 아침이 되면 마음이 무거워지는 경우가 있다.

☐ 업무나 공부방면에서 '해냈다' 라는 성취감을 느낀 적이 없다.

☐ 자신이 선천적으로 어느 방면에 재능이 있는지 잘 알고 있다.

☐ 여러 사람과 대화하는 것보다 한 사람과 대화하는 것이 편하다.

☐ 새로운 것에 도전할 의욕이 잘 일어나지 않는다.

☐ 이성과의 교제에 자신이 없고, 좀처럼 적극적으로 되지 않는다.

☐ 시끄럽고 사람이 북적이는 곳에서는 견디기 어렵다.

☐ 주변에 왠지 불편한 사람이 있다

- ☐ 자신의 잘못이 아니어도 우선 용서를 구하는 경우가 많다.
- ☐ 쉬는 날이면 피곤해서 하루 종일 잠만 자는 경우가 많다.
- ☐ 음식점에서 주문하는 메뉴는 늘 같은 메뉴만 주문한다.
- ☐ 최근 멍해져서 모든 것이 귀찮아 지는 일이 늘어나고 있다.

점검후 확인

0 ~ 7개 : 긍정적인 사고 방식이 실제 행동으로 연결되도록 행동 기준을 가지고 실행력에 집중

8 ~ 14개 : 마이너스 사고로 빠져들지 않도록 긍정적 마인드와 자신감을 가지도록 노력

15 ~20개 : 자기개혁이 매우 급함. 목표달성, 양호한 대인관계 구축으로 마이너스 사고순환에서 빠져나오도록 함.

3) 자신만의 특정능력을 조기에 갈고 닦아라

(1) 자신을 바로 아는 것부터

이는 처음 언급했던 자신의 이해와 중복된 부분이다. 올바른 자기분석은 자신의 과거를 돌아봄으로써 자신의 현재 위치를 파악하고, 자신의 강점을 살려 보다 적극적으로 자기를 관리할 수 있는 장

점이 있다. 이것은 자기 이미지의 강점개발을 통한 이미지 메이킹을 가능하게 한다.

또한 이러한 자기분석을 통해 자신이 해낼 수 있는 역할, 자신의 인생을 통해 해내야 하는 역할, 사회나 가정으로부터 기대되는 역할들을 고려하여 자신의 미션을 수립할 수 있다.

그러므로 나를 보다 객관적으로 살필 수 있는 눈이 필요하다.

- ◻ 나는 어떤사람인가
- ◻ 성격은
- ◻ 좋아하는 것은
- ◻ 싫어하는 것은
- ◻ 잘 하는 것은
- ◻ 못 하는 것은
- ◻ 희망직업은(과거)
- ◻ 희망직업은(현재)

무엇인지를 살펴 이것을 자세히 기록하라.

(2) 자기분석의 요령

사람이 자신을 알아내는 방법은 크게 3가지로 나눠볼 수 있다.

첫째, 자기 자신의 과거를 다시 한 번 돌아보고, 철이 들면서부터 현재에 이를 때까지, 자기 자신의 인생을 복습해 보는 방법이 있다. 이것은 독자 여러분이 알고 있는 자기상을 과거에 있었던 일을 바탕으로 나타내는 것이라고 할 수 있다.

둘째, 자기분석뿐만 아니라 자신 이외 제3자 의견이나 평가를 참고해보는 것도 중요한 방법이 된다. 이것은 다른 사람이 자기의 인간상을 어느 정도 이해하고 있는가를 재고하는 것이다. 자기 자신이 이해하고 있는 자기상과 어느 정도 일치하는가, 또 어떤 점이 불일치하는가라는 점에서 자신이 알지 못한 자기상을 발견하는 단서가 될 것이다.

셋째, 성격테스트나 적성테스트라는 '검사도구'에 따른 응답 결과를 바탕으로 일정한 외적 기준과 비교하는 객관적인 판단방법이 있다.

이 3가지 방법 중에서 제일 쉽게 자기 자신을 아는 방법은 첫째 방법인 '자기분석self analysis'이다. '자기분석'이라는 말은 일상적으로 자기관찰이라는 의미로 사용되고 있지만 원래는 단순한 자기관찰뿐만 아니라 심리학에서 말하는 '무의식의 의식화'라는 과정을 포함한 정신분석 등에 사용되는 전문용어다. 본 장에서는 자기분석을 '분석자이면서 동시에 피분석자이기도 한 한 사람의 인물(당신)이 어떤 성과를 얻으려고 하는 것'이라는 넓은 의미의 정의를 빌려 자기관찰, 자기반성, 자기통찰의 의미로 사용한다. 자기분석을 하는데 특별히 정형화된 프로세스가 필요한 것은 아니다. 또 분석 툴에 의한 자기분석법을 빼놓고는 자기 나름대로 방법으로 자기분석을 하면 된다. 다만 기본적인 흐름을 가지고 분석을 해야 자기가 얻고자 하는 것을 더욱 명확하게 얻을 수 있다고 생각하기 때문에 취업에 필요한 자기분석의 포인트를 소개하고자 한다.

① 과거의 경험에서 자기의 사고방식, 관심, 능력 등을 끄집어낸다.
② 그 중에서 특성, 법칙성, 방향성을 도출한다.
③ 자기의 특성, 적성, 희망하는 일을 정리한다.
④ 마지막으로 간단명료하게 항목별로 분석된 결과를 문장화 한다.

다만 자기분석을 할 때는 몇 가지 유의해야 할 사항이 있다. 우선 자기 특성에 관한 데이터를 되도록 많이 수집하고 도출해낸다. 왜냐하면 여러 각도의 데이터가 완비되지 않으면 자기분석 작업이 더디고 미완성일 수밖에 없기 때문이다. 또 자기다움을 솔직하게 표현한다. 자기 자신을 의도적으로 만들어내는 것은 정확한 자기분석을 위한 자세가 아니다. 물론 자기분석 속에 객관성을 갖게 하는 것도 중요하다.

최종적으로 제3자에게 설명해 어떻게 전달되는가를 검증받는 것이 필요하다. 매뉴얼대로 하는 것이 최상의 방법은 아니다. 스스로가 고민해 자기를 어필할 수 있는 자기만의 자기분석이 돼야 한다. 또한 간과할 수 없는 것은 지원서를 쓰거나, 면접에서 말할 것을 생각하는 것이 자기분석의 전부가 아니라는 것이다. 지원서나 면접을 위한 자기분석은 겉모습일 뿐이다. 자기분석에 대한 접근이 취업에만 한정된다면 그건 수박 겉핥기식 분석밖에 될 수 없다. 이런 자기분석은 모래 위에 쌓은 누각처럼 한순간 공격에 기초가 허물어져 버리는 결말을 가져올 것이다. 진정한 자기분석은 자기 자신을 제대로 아는 것이다.

따라서 진정한 의미의 자기분석을 한 사람이라면 어떤 면접질문을 받더라도 겁내지 않을 것이다. 기본적인 생각의 변화만으로도 힘이 실린 자기분석이 되지 않을까 생각한다. 졸업 예정자들을 위해 취업에 실제적으로 도입해 적용 가능한 자기분석 방법을 소개한다.

(3) 자기분석의 방법

가. 의사결정을 위한 자기분석

졸업예정자들에게 있어서 의사결정은 하나하나가 중요한 의미를 갖는다. 특히 취업에 관련된 선택은 장기적인 인생에까지 영향을 미칠 수 있다. 자기 자신을 제대로 파악한 상태에서 결정을 내려야 한다.

다음 내용들을 참고해서 자기분석을 해보기 바란다. 여기에서 말하는 의사결정은 자신의 커리어 디자인에도 반영이 되는 것이어야 하며, 판단하는데 있어서 최대한 객관성을 확보하도록 한다.

① 하고 싶은 일, 흥미가 있는 일을 나열해 본다.

② 각각의 일에 대해서 하고 싶다는 이유를 적는다.

③ 그 이유로부터 공통되는 흥미, 보람을 찾아낸다.

④ 그렇게 느끼는 자기의 성격, 사고방식을 명확히 한다.

⑤ 자기 능력으로 실행 가능한지를 파악한다.

나. 서류 작성을 위한 자기분석

이력서나 자기소개서는 취업의 제1차 관문이라 할 수 있다. 자기분석을 토대로 한 취업지원서류는 서류 전형관에게 그만큼 어필할 수 있는 내용이 될 수 있다. 여기에서는 서류작성을 위한 자기분석을 예를 들어 설명한다.

먼저, 인간관계, 대화술, 친구

- 일상생활, 기호, 특기, 취미, 오락, 아르바이트, 노는 것

- 사고방식, 지도력, 적극성, 지구력, 규율성, 협조성

- 전공, 습득기술, 자랑할 만한 실적, 귀중한 체험, 노는 것, 배우고 있는 것

등에 대해서 항목별로 관련된 내용을 기록을 해본다. 각 항목에 대해서 기록을 할 때는 메모용 카드를 이용하고, 자기의 성격이나 능력 · 행동 등에 관해서 자신의 실제 예나 에피소드를 적는다. 이런 작업을 통해서 자기성격의 경향을 파악하게 되고, 특징적 능력이나 개성을 도출해낼 수 있다. 여기에서 나온 결과를 지원서류에 기록을 한다면 신뢰성을 주는 내용이 될 것이다.

다. 면접시험을 위한 자기분석법

면접시험을 위한 자기분석은 사례 위주로 소개하고자 한다.

먼저 면접에 필요한 기본적인 자기분석 방법에 대해서 간단히 설명하고 패턴 별 사례로 넘어간다. 예를 들어 "당신의 꿈은 무엇입니까?"라는 면접 질문을 받았다고 하면, 면접자 스스로는 자신의 꿈이 무엇인가를 말하기 전에 꿈을 이루기 전에 하는 것은 무엇인가에 대해서 생각을 해봐야 되고, 또 그 이전에 해야 하는 것은 무엇인지를 생각해봐야 한다.

정리해보면 "당신의 꿈은 무엇입니까?, 그 전에 하는 것은 무엇입니까?, 더욱더 전에 하는 것은 무엇입니까?"에 대해서 생각하고 답변을 마련해야 한다는 것이다.

이 질문에서 중요한 것은 자신의 목표를 단계적으로 얻을 수 있다고 하는 것이다. 중요한 것은 어떤 꿈을 가지고 있는가를 말하는 것이 아니라, 그 꿈을 실현하기 위해 무엇을 해야만 하는 지를 파악할 수 있는가 하는 것이다. 가장 최후의 설문인 "더욱더 전에 하는 것은 무엇입니까?"라는 물음에 대해서는 지금 할 수 있는 것을 대답할 수 없으면 안 된다는 것이다. 목표를 작게 나누는 것은 중요하다. 결승점까지 상세한 중간지점을 만든다. 작은 목표라서 나눌 수 없다고 하면 당신에게는 아직 하고 싶은 것이 보이지 않는다는 것이다. 최후의 설문은 오늘 할 수 있는 것이어야만 한다. 그리고 이미 하고 있는 것이 아니라면 뜬구름 잡는 것에 불과하다.

① 자기류의 자기분석법

우선 지금까지 해온 것을 잘 생각해본다. 그 안에 성공한 경험이 한 두 개 정도는 있을 것이다. 작은 것이어도 좋다. 성공한 사실을 생각해본다. 다음이 중요하다. '그것이 성공한 것은, 도대체 왜 였을까' 를 생각한다. 다시 말해 성공요인을 생각하라는 것이다. 무엇이든 괜찮다. 생각이 나는 범위 내에서 메모해 보자. 여기까지 됐다면 앞으로는 간단하다. 성공요인이라고 하는 것은 어떤 것에든 플러스 작용을 하는 것이다.

그러므로 그 성공요인을 자신의 강점으로 한다. 그리고 그 강점을 뒷받침하는 사실로 성공경험을 연관시킨다면 꽤 설득력 있는 자기분석이 될 수 있을 것이다. 이 방법으로 자기 어필을 하면 면접관들도 응시자에 대해서 다시 한 번 생각하게 될 것이다. 만약 자신의 강점을 모르고 있거나 자기PR로 무엇을 말하는 것이 좋은지 잘 모르는 사람은 꼭 한 번 시험해 보기 바란다. 면접의 경우, 면접관은 희망 동기나 자기PR의 '내용' 보다는 또 다른 것을 체크한다고 볼 수도 있다. 다시 말하자면 그것은 제대로 조리 있게 말을 하고 있는지 아닌지를 보는 것이다. 조리 있게 말을 하는 것은 곧 어떤 이야기라도 이해할 수 있는 능력을 가지고 있다고 판단하는 것이다.

② 타인분석을 통한 자기분석법

대학의 친구, 선배에게 여러 가지 물어보도록 해보자. 그리고 고등학교나 초중학교 등 옛 시절 친구들에게 물어보는 것도 도움이 될지 모른다. 물론 취업담당 선생이나 교수 등 가능한 한 많은 주변 사람들에게 이야기를 들어보도록 한다. 자기 자신이 생각한 성격이나 적성이 거의 같은 결과로 나올 수 있는가 하면 다른 시점에서 의견을 주고 판단을 해주는 경우도 있을 것이다. 다음으로는 친구들과 함께 장래 희망에 대해서 격의 없이 이야기 해 보는 것도 좋다. 이 방법은 기업체 인사담당자도 추천하는 효율적인 방법이다. 손쉬우면서도 상당히 많은 부분에 대해서 자기분석을 해볼 수 있다. 의외로 자기 장래 문제나 하고 싶은 것, 그리고 자신이 살리고 싶은 장점 등을 찾아낼 수가 있다. 이상의 방법들은 타인을 통해 자연스럽게 자신의 생각들을 필터링해볼 수 있고, 또 커뮤니케이션을 통한 자기분석이기 때문에 면접 시 언어구사나 논리적 표현을 구사하는데 큰 도움이 될 수 있다.

5. 비전을 관리하자

1) 비전이란 무엇인가

비전이란 미래의 청사진이다. 현재는 없지만 미래의 분명한 그림을 그리는 것이다. 또 현재보다는 발전된 성공적이고 바람직한 미래를 그리는 것이며 실현 가능한 결과를 눈앞에 그리고 이뤄가는 것이다. 이러한 비전이 여러분에게 있는가?

1953년 예일대학에 입학한 학생을 대상으로 조사한 결과가 다음과 같이 나타났다고 한다.

글로 구체적으로 쓴 인생의 비전, 목표, 계획을 갖고 있는 사람 – 3%
글로 쓰지 않았지만 구체적인 목표를 가지고 있는 사람 – 10%
막연하게 목표를 생각해본 사람 – 60%
목표가 없는 사람 – 27%

이들을 추적 조사한 결과 20년이 지난 1973년에 놀라운 결과를 얻어냈다. 조사 대상 가운데 처음 응답했던 비율과 거의 똑같이 인생의 결과가 얻어졌다는 것이다.

3% – 상류층, 지도층 (백만장자)

10% – 중산층 (여유 있는 삶)

60% – 서민층 (생계는 유지하는 삶)

27% – 빈곤층 (도움이 필요한 삶)

이런 것이 비전의 힘이다. 비전은 곧 목표이며 내가 달성해 갈 최종의 꿈이다.

2) 비전 작성의 원칙

비전 작성에도 다음의 원칙이 있다. 이를 잘 활용하면 훌륭한 비전을 만들어 낼 수 있다.

Valuable : 가치가 있도록

Interest : 흥미와 관심이 반영되도록

Sensible : 눈으로 보는 것처럼 구체적으로

Incite : 끊임없이 자신을 격려할 수 있도록

Ownership : 책임감을 가질 수 있도록

Natual : 지극히 자연스럽고 당연하도록

(1) 커리어 목표 설정

가. 목표 수준의 계량화(수치화)

목표는 그 진척도 점검 및 평가를 명확히 하기 위해 목표수준을 가능한한 계량화해야 한다. 수치로 나타내지 못하는 것은 없다고 생각하고 구체화하라.

예)- 한국에서 제일 가는 보험 영업 전문가

→ 캐주얼 웨어 전문프렌차이즈 30개 구축

나. 계량화(수치화)가 곤란하더라도 일정한 수준을 제시하여 측정 가능한 목표를 만들 수 도 있다. 수준을 정확하게 제시할수록 실현가능성이 높아진다.

예) - OO분야 국제전문가 → OO분야 국제자격증 2개 취득

- 영업부문 전문 강사 → 한국전문강사협회 강사부문 은상 이상 수상

- OO부문 전문성 강화 → A기관 주관 리더십 고급 교육 3개 과정 이수/ E대학원 OO전문 과정 이수

(2) 목표 수준 설정기준

목표 수준을 충분히 고려하되, 다음의 기준을 적용하라.

① 자신의 역량을 고려하여 적절한 목표 수준 설정(추세치)

② 분야 전문가 대비 목표 수준 설정

③ 유명 best 수행자 대비 목표 수준 설정

④ 절대수준

예) - OO분야 최고 전문가

- A사 사장/임원

- OO분야 사업소/식당경영 등

(3) 목표 수준의 설정시 유의사항

① 구체적인 목표는 자신의 인생목표 또는 중장기 목표와 연계가 되어야 한다.

② 자신이 지금까지 해 온 경력이나 경험을 가장 잘 살릴 수 있는 방향으로 목표를 설정하도록한다.

③ 자신의 최근 수 년치 실적이나 행태를 면밀하게 고려하여, 보다 도전적인 목표가 되도록 설정한다.

(4) 목표 및 목표수준의 변경

① 자기 나름대로의 인생목표와 같은 중장기 목표가 없을 때는, 수시로 구체적인 목표는 변경될 수밖에 없으므로 가능한 한 중장기 목표를 먼저 수립해야 하다.

② 커다란 변경사항이 발생하였을 때에는, 수집한 근거자료와 전문가의 조언을 참고하여, 적합한 방향과 내용으로 이미 수립된 목표를 변경하는 것이 바람직하다.

③ 통제할 수 없는 환경변수가 작용할 경우에는 목표수준의 변경을 심각하게 고려하는 것이 바람직하다.

예) Career 목표설정 실습

미래시간	구체목표	구체적인 실천계획
1년 후	외식, 유통업계취업	• 뚜렷한 목표의식을 세워 앞으로 창업할 대상을 중심으로 관련 직업에 취업을 한다. 이 지역에서 소문난 식당(수원 본갈비)에 주방 보조직으로 취업한다.
3년 후	외식, 유통업계 전문실력 확보	• 수원 본갈비에서 주방일에 대한 전문 능력을 계속 쌓는다. • 갈비, 부재료의 선택 등은 물론 홀에서의 업무나 고객을 대하는 요령 등도 익힌다. • 우리나라에서 맛있는 소고기를 생산하는 축산농가를 찾는다.
5년 후	외식, 유통업계 부장	• 수원 본갈비에서 주방일을 총괄하는 사람이 된다. • 음식재료, 식자재 유통업자, 소고기를 생산하는 축산업자와 친분관계를 돈독히 한다. • 직원들을 사랑으로 대하며 때에 따라서는 분명하게 책임 소재를 가릴 줄 아는 사람이 된다.
10년 후	외식, 유통업계창업	• 창업 • 수원에서 발전하고 있으면서 성공 가능성이 높은 영동지구에 식당을 세운다. • 매장 인테리어, 직원선발, 홍보 등 창업과 성공적인 식당 운영을 위한 노력을 쉼없이 기울인다.
15년 후	성공한 사업가	• 식당 1호점이 안정궤도에 들어섰다고 판단되면 2호점을 개설한다. • 1호점에서 노인들을 위한 무료식사 대접을 1주일에 한 번씩 실행한다. • 벌어들이는 수입의 20%는 사회봉사 활동하는데 쓴다.

미래시간	구체 목표	구체적인 실천계획
20년 후	사회 복지사	• 사업을 하는 틈틈이 학습한 실력을 바탕으로 사회복지사 자격증을 취득한다. • 지역사회에 사회복지 상담실을 운영한다. • 노인, 장애인, 결식아동 등 사회의 취약계층을 위한 봉사활동을 한다.
30년 후	존경 받는 아버지, 할아버지	• 일을 하는 틈틈이 가정에 봉사한다. • 가족의 결속과 애정을 위한 노력을 항상 기울인다. • 자녀들의 성장 과정에 관심을 기울이며 산다.
죽은 뒤	존경 받는 사회 사업가	• 사회복지를 위해 쓰다가 남은 돈이 있다면 복지재단을 구성하여 지속적인 복지활동이 가능하도록 한다. • 상담실을 근거로 훌륭한 사회복지 전문가들이 계속 배출될 수 있는 구조를 만든다.

6. 경력을 관리하자

경력의 개념은 한 개인이 일생에 걸쳐 일과 관련하여 얻게 되는 경험을 말하는 것이다. 그러므로 경력관리의 개념은 '일생에 걸쳐 일과 관련하여 얻게 되는 경험을 통해 직무관련 태도 · 능력 · 성과를 향상시켜 나가는 과정' 이라고 정의할 수 있을 것이다.

또 다른 시각으로는 직무를 조직과 개인이 함께 계획하여 관리해 나가는 체계적 활동이라고 할 수 있다.

경력 관리의 영역은 먼저 자기에 대한 진단과 이해를 필요로 한다. 경력계획을 세우고 목표를 설정한 후 직업정보 및 창업정보를 탐색하라. 필요하면 전문가나 선배들에게 경력상담을 요청하라. 그리고 직업 및 경력기회를 선택하고 지속적으로 자기계발을 추구하라.

1) 경력관리의 필요성

인생이란 긴 생애를 살아가는 동안에 자기경력에 대한 장기적인 접근이 필요함은 두말할 필요가 없을 것이다. 눈앞의 현실만을 쫓다가는 인생의 목표없이 무의미한 삶을 살 수 밖에 없다. 그러므로 자기경력과 인생목표와의 통합을 이루어 가는 것이 정말 중요한데 많은 사람들이 이 부분을 잘 연결시키지 못한 채 하루하루를 무의미하게 보내고 있다.

특히 전직이 잦은 요즘 직장인의 경우 이전 직장경험과 새로운 직장이나 분야에서의 경험을 포함시켜 나가는 등 일관성을 유지시켜 나가는 것이 중요한데 직장을 마구 바꾸면서 전혀 새로운 분야로 뛰어들어 지금까지 일해온 경력을 무위로 만들어 버리는 일도 허다하다.

"과거 · 현재 · 미래를 일관되게 연결하라"

자기경력 · 경험에 대한 정확한 진단이 먼저 필요하다. 자신의 일관된 경력추구를 위해서는 현재 부족한 부분을 점검하고, 부족한 부분을 보완할 수 있는 자기계발의 전략을 수립하라. 자기의 경력개발은 스스로의 책임하에 이루어져야 한다. 아무도 내 경력을 대신 관리해 줄 수는 없는 일이다.

보다 정확한 선택을 할 수 있으려면 자신에 대한 환상과 과거에 대한 집착을 버리고, 정확하게 자신을 이해하고 이를 위해 정확한 정보를 수집하고 경력 전문가나 인생의 선배로부터 조언을 구하려는 노력이 필요하다.

2) 경력관리의 5단계

1단계) 자기자신에 대한 정리 - 적성 · 흥미 · 자신이 지금까지 걸어온 길을 객관적으로 파악한다.

2단계) 정보를 수집하고 분석 - 다양한 직업과 진로, 경력개발에 도움을 줄 수 있는 교육훈련과 자격 등의 정보를 수집 및 분석한다.

3단계) 목표설정 - 경력개발의 가장 중요한 성공요인. 실현가능하고 구체적인 목표설정. 생각이 아닌 손으로 작성한다.

4단계) 구체적실행 - 구체적인 방법론을 설정. 추가적인 교육이나 자격증, 미래를 위한 기술을 습득한다.

5단계) 도전 - 새로운 일터와 새로운 업무에 도전한다.

이 5단계의 도전을 성공적으로 끝내면 일단 첫 출발은 좋은 것이다. 그런데 같은 출발이라도 나이별로 추구할 점의 차이가 존재한다. 먼저 이를 살펴보자.

〈연령대별 추구점〉

연령대	추구점 (목표)	내　　용
20대	기본지식, 능력과 업무에 대한 사고, 태도의 확립	직무에 관한 기본지식과 추진방법, 자세를 확실하게 습득. 주변지식, 관계지식의 흡수를 위해서는 적극적으로 도전하여 폭넓은 경험과 실적을 쌓음.
30대	전문 분야의 형성과 종합성의 확립	담당업무를 통해 사내 또는 동업 타사의 누구와 비교해도 손색이 없는 전문성(가능하면 두 가지)을 지니며 실적을 올린다. 동시에 자신의 능력 레벨을 증명하는 공인자격증을 취득한다.

연령대	추구점 (목표)	내 용
40대	경제 능력의 확립	30대에 확립한 전문성과 실적을 바탕으로 경제 능력을 몸에 익혀 사업부문에서 충분히 실적을 올릴 수 있도록 종합력을 갖춘다.
50대	장래 대책의 확립	40~50대 직장인의 가치관이 흔들리고 있다. IMF이후 신지식경영의 전문성을 학습하여 새로운 경영환경에 대비하여야 한다.

3) 자신만의 커리어 디자인

자신만의 특정능력은 조기에 갈고 닦아야 빨리 성공한다. 해마다 낙엽이 지기 시작하는 계절이 되면, 매스컴에는 '신규채용 시장 사상 최악의 취업난'이라는 제호의 기사가 연례행사처럼 쏟아져 나온다. 안타까운 사실이지만 졸업 예정자의 취업난은 이미 구조적으로 정착돼버렸다고도 말할 수 있다. 대학 졸업이 곧 취직이던 시대는 지나가버린 것이다.

대기업의 경우 취업경쟁률이 60:1은 보통이다. 차이는 있겠지만 중견기업이나 어느 정도 규모가 있고 안정적인 중소기업의 경우도 만만치 않다. 정녕 길은 없는 것인가?

"아니다. 있다, 반드시 있다"

기업에서 요구하고 있는 능력은 해를 거듭할수록 높아져 왔다. 우선 전공 이외에도 영어와 제2외국어, 컴퓨터 지식, 문서작성 프로그램 사용능력, 기획력 등 추가적인 지식을 갖추어야 한다. 거기에 설득력, 팀워크, 창조성 등 인성적 자질도 요구하고 있다. 무엇보다도 취업을 앞둔 졸업 예정자들이 유의해야 할 점은 기업 측은 신입이라 해도 어떠한 분야에 대한 전문적 소질을 갖춘 사람을 선호하고 있다는 사실이다. 때문에 구직자들은 자신의 특정 능력을 최대한 어필해야 하는 것이다.

이를 위해서는 구직활동을 좀 더 일찍 계획적으로 준비해가야 한다. 이른바 '커리어 디자인'을 수립해 실천하는 것이다. 학생들은 확고한 목적과 목표를 설정하여 그것들을 실현시켜줄 수 있도록 대학에서 제공되는 프로그램들을 최대한 활용하는 한편 대학생활 동안의 인생플랜을 수립하고 스케줄링을 세워 실행해 가야 한다. 준비하는 자에게 있어 취업전선은 이상이 없다.

4) 경력관리의 실패 - 자기계발의 실패요소

의외로 많은 취업 준비생들이 경력관리에 실패한다. 그리고 세월만 흘려보내고 나서 막상 취업할 때가 되면 당황하고 갈팡질팡하게 된다.

이런 것에는 주요한 실패원인들이 존재한다. 긴 설명이 필요없는 경력 관리의 실패 원인을 나열해 보자.

(1) 커리큘럼의 부재

인생의 목표가 뚜렷하지 않을 경우, 잡다하게 책을 읽는 경향이 있다. 특정한 방향이나 일관성을 가진 커리큘럼이 없다. 서점(도서실 또는 자료실)에는 자주 가나 마땅히 사오는 책은 없다. 집이나 사무실의 책장에 책이 두서없이 꽂혀있다.

(2) 정보관리의 부재

책은 물론 자료도 막연한 필요성으로 잡다하게 수집하고 보지 않는다. 수집하고 복사하는데 시간낭비를 한다. 인터넷도 이 사이트 저 사이트 산만하게 옮겨 다니며 밤을 샌다. 자신의 컴퓨터에 저장된 정보는 전문적인 것보다는 잡기적인 것이 많다.

(3) 인맥관리의 부재

인생의 목표가 뚜렷하지 않을 경우, 누구를 만나고 누구를 만나야 하는지 말아야 하는지 정확히 모르며 인맥관리가 체계적으로 안된다. 커뮤니티가 무엇인지 뚜렷치 않으며, 질 낮은 인터넷 채팅을 하며 밤을 샌다.

(4) 시간관리의 부재

인생의 목표가 뚜렷하지 않을 경우, 퇴근 후에 무엇을 해야 할지 막막하다. 저녁시간 대부분을 의미 없이 낭비하고 집에 가서도 시간을 낭비한다.

(5) 학습관리의 부재

인생의 목표가 뚜렷하지 않을 경우, 무엇을 공부해야 할지 막막하여, 이 학원 저 학원, 이곳 저곳을 기웃거린다. 어떤 포럼이나 세미나에 참석할지 잘 모른다.

이 가운데서 무엇보다 중장기적인 인생목표의 부재가 경력개발 실패의 가장 큰 이유라고 할 수 있다. 인생에 목표가 없으니 경력 자체가 큰 의미가 없는 것이다. 취업을 할 때는 이런 것이 큰 부담이 되어 다가온다.

■ 성공적인 경력관리법

성공적인 경력관리를 위해서는 다음과 같은 노력이 필요하다.

1. 내 생애 모든 열정을 쏟을 수 있는 직업을 빨리 발견한다.
2. 명확하고 구체적인 vision을 수립한다.
3. 단기의 mission을 수립하고 실행한다.
4. 일관성있는 경력과 연관성있는 경험을 쌓는다.
5. 끊임없는 자기계발을 통해 경력, 지식의 깊이를 쌓는다.
6. 내 직업이 속한 산업, 경제를 보는 안목을 기른다.

이정주의 제안!!

인턴제, 기업이 먼저 달라져야 한다

지금 노동시장에선 '인턴'이 화두다. 구직자나 대학은 '인턴제 실시'가 청년 실업의 대안이라고 인식해 가고 있다. 기업의 수요에 맞는 인재를 육성하는 일에 기업도 동참하라는 의미다. '인턴제'를 통해서 기업의 비즈니즈를 대학이 배우고 구직자도 기업의 업무를 직접 습득함으로써 노동시장으로의 이행을 원활하게 이끌 수 있는 것이다.

기업도 이제는 더 이상 인턴을 거부할 명분을 가지고 있지 않다. 대기업이든 중소기업이든 노동시장에서 검증된 경력자만을 골라 쓴다면 경력자의 몸값은 천정부지가 될 것이다. 결국 제 살 깎기 전쟁에서 노동시장의 효율성은 떨어지고 말 것이다.

아직 기업은 인턴제에 대해 적극적이지 못하고 있다. 인턴제가 비용이 든다는 생각에서 벗어나지 않는 한 당분간 기업의 자발적인 인턴제 실시를 기대하기는 어려울 것이다. 어느 기업도 인턴을 실시하기 위한 내부 준비가 되어 있지 않은 상황이고, '인턴을 실시한다'는 생각이 아니라 '인턴을 고용한다'는 의식에서 벗어나지 못하고 있기 때문이다.

인턴제가 비효율적이라고 굳게 믿고 있는 한 기업의 자발적인 실시는 요원하다. 따라서 여력이 있는 대기업에서 먼저 인재 육성의 사회적 책임을 지고 인턴제를 적극 실시해야 한다.

정부의 책임도 크다. 인턴은 고용이라는 개념으로 혼동하도록 만든 정책이 '청소년 직장체험프로그램'이다. 정부가 30만~50만 원을 보조하는 형태로 기업에 인턴제를 장려했던 것이 결정적인 정책의 실수다. 인턴제를 실업률 인하책의 수단으로 사용했기 때문에 구직자도 기업도 인턴을 고용으로 착각하고 있는 것이다.

그리고 노동부의 청소년 직장체험프로그램의 행정상 절차의 복잡함이 기업과 구직자들이 이 제도를 기피하는 가장 큰 원인이다. 교육기관과 사업현장의 연계를 통해 기업을 배우는 취지의 좋은 제도가 정책의 취지와 시기 선정의 실패로 그 본래의 취지가 퇴색되고 말았다.

대기업들이 인재육성의 사회적 책임을 무겁게 인식하고 인턴제를 적극 활용하려는 의지가 필요한 시점이다.

참고자료

2005년에 입사한 대졸 신입사원의 평균 특성

나 자신을 어디에 해당하는지 스스로의 위치를 자리매김해 보자.

- 대졸 신입사원들의 평균 인적 특성

대한상공회의소 조사에 따르면 2005년 입사한 대졸 신입사원의 평균 인적 특성은 나이 28.2세, 학점 3.55점, 토익점수 700점 이상이고, 면접에서 두각을 나타낸 사람이 합격했다.

특히 대기업은 평균나이가 27.5세로 비교적 낮은 편이었고, 서울소재 대학 출신자가 전체의 69.7%를 차지하였으며, 토익점수 800점 이상인 사람이 전체의 42.2%에 달했다.

중소기업은 나이 28.6세로 대기업보다는 많은 편이었으며 평균학점이 3.51점, 토익점수는 700점대가 30.8%로 가장 많았고, 지방소재대학 비율이 65.1%를 차지했다.

- 2007년 졸업예정자 학력 SPEC

2007년 졸업예정자의 학력별 스펙은 평균 졸업학점이 3.6점, 복수 전공자 비율이 23.7% 영어시험점수 보유자가 75.5%였으며, 그 중 토익점수 평균은 721점으로 예상된다. 또한 해외 어학연수 경험자가 전체의 33.1%에 달할 것으로 예상되어 진다.

(잡코리아 조사 1,356명 대상 조사)

기업을 선택하는 **기술**

03
기업을 선택하는 **기술**

3부는 이제 실무에 대한 구체적인 작업을 해 나가는 과정이다. 지루하더라도 꼼꼼히 살펴서 내가 해 놓지 못한 것을 보충하고 잘 못 해 놓은 것이 있으면 수정 보완할 필요가 있다.

2006년 입사 후 1년 이내의 신입사원들 가운데 퇴직자가 발생한 기업들이 무려 88.5%에 달했다. 이 가운데, 중소기업이 93.0%, 반면 외국계 기업은 65.1%로 상대적으로 작았다. 주요 퇴직사유 중 직무가 적성에 맞지 않아가 전체 퇴직사유의 29.7%를 차지하였다.

신입사원의 퇴직은 대부분 기업을 잘못 선택한 이유에서 비롯된 것임을 보여준다. 그래서 기업을 어떻게 선택하느냐가 매우 중요하다.

이 가운데 어떤 것을 우선할 것인가는 개인의 취향과 가정형편, 목표하는 바에 따라 달라질 것이다.

무엇보다 기업분석전에 다음 사항을 정래해 둘 필요가 있다.

① 자기자신을 분석하자

② 희망직무를 결정하자

③ 흥미있는 업계를 결정하자

④ 해당 업계 기업을 정리하자

⑤ 취업 희망기업을 결정하자

1. 기업분석하기

취업을 위한 기업분석은 업계연구, 기업선택, 선택기업 직무분석, 채용분석으로 나뉜다. 기업 연구에 앞서 관련 업계를 먼저 살펴야 한다. 다음의 기준을 살펴 자신의 기업 분석 요령을 정리해 보자.

1) 업계와 업종 연구

(1) 업계 업종 연구의 고려사항

① 자신의 적성에 맞는가?

② 자신의 성격에 맞는가?

③ 자신의 전공에 맞는가?

④ 장래성과 사회적 평가가 좋은가?

⑤ 근로조건이 좋은가?

(2) 업계 업종 연구요령

① 알고 있는 회사명을 써보자

② 업계 선정 기준을 잡자(적성, 성격, 전공에 맞춰)

③ 관심있는 업계를 선정하자(자신의 현황에 맞게)

④ 유사업계도 함께 선정하자

⑤ 업계지도를 파악하자(신문기사 및 관련협회)

산업정보망 http://magic.iin.co.kr 참조

(3) 구체적 요령

업계연구 - 업종별 채용특징

식 품	• 책임감, 청결, 식품에 대한 감각 • 면접을 통한 인성 평가 • 해외진출 계기로 글로벌마인드 전문성 강조

전 기 전 자 반도체	• 변화에 빠르게 대처하고 승부욕이 강한 인재 • 전문성(전공), 협업(인간미), 상상력 • 전공지식이 절대적으로 필요 • 소비자의 마인드를 잘 읽을 수 있는 인재 • 전공일치성, 학점, 실무경험, 연구 및 프로젝트
유 통 항 공 서비스	• 호감가는 인상, 투철한 서비스 정신 • 지구력, 체력, 커뮤니케이션 스킬 • 여성 채용 비율이 높음 • 트렌드에 민감하고 변화를 주도하는 인재 • 직무관련 경험, 관련 교육 수강
건 설 중공업 화 학	• 현장 중심적인 실무형 인재선호 • 뚝심, 추진력, 전문성(전공), 조직친화력 • 전공 일치도 및 학점이 절대적 • 지역소재 대학 졸업생 우대 • 출신대학(지역), 전공, 학점, 면접
자동차	• 자동차 분야에 대한 관심/열정 • 관련분야 인턴, 아르바이트 • 공장견학, 현장실습 참가자 • 영어, 중국어 등 외국어 사용 가능자 • 협업 능력 중시
제 약	• 성실성, 커뮤니케이션 능력, 의지력 • 의약관련 지식 • 면접의 비중이 높은 편 • 면접 시 영어 비중 증가추세

조 선	• 어학능력, 글로벌 마인드 • 영어면접을 통한 어학능력 평가 • 합숙면접, 집단면접 등 면접 비중 높음 • 트렌드에 민감하고 변화를 주도 하는 인재 • 직무관련 경험, 관련 교육수강
금융업계	• 꼼꼼함과 신뢰감이 있는 인재선호 • 공정성, 정직성, 윤리성 • 경제현황 종합분석능력 중요 • 학과장 및 교수 추천을 중시 • 관련자격증, 학점, 상식, 봉사활동

■ 업종별 기업의 선택 플로우

① 업종선택은 구체적으로
② 자신에게 적합한 기업 찾기
③ 기업 기본정보 확인하기
④ 재무정보 확인하기
⑤ 복지제도와 근로조건 확인하기
⑥ 경영비전 알아보기
⑦ 성장잠재력 확인하기
⑧ 교육정보 확인하기
⑨ 채용정보를 통한 이직률 확인
⑩ 네트워크 형성

2) 기업연구

다음은 기업 선택이다. 어떤 기업이 내게 맞는지, 정말 좋은 기업인지를 가려내는 작업이다.

(1) 기업선택 고려사항

① 안정적인 재무구조를 가진 기업인가?

② 객관적으로 평가가 좋은 기업인가?

③ 희망업무를 수행하는 부서가 있는가?

④ 조직구성이 체계적인가?

⑤ 안정성있는 매출 아이템이 있는가?

(2) 기업선택요령

기업선택 요령은 원론적으로 이야기 하자면, 다음 7가지 원칙에서 접근하는 것이 바람직하다. 각 질문에 해답을 제시해 보자.

① 안정성이 있는 기업

② 독자성, 전문성이 있는 기업

③ 회사문화가 나와 맞는 기업

④ 경영자가 유능한 기업

⑤ 사원 정착율이 높은 기업

⑥ 근무여건이 좋은 기업

⑦ 능력위주, 사원교육 여부

기본정보는 회사 홈페이지를 활용하면 되며, 종합정보는 코참비즈(http://korchambiz.com), 금융감독원 전자공시시스템(http://dart.fss.or.kr), 한국신용평가정보(http://kisreport.com), 중소기업진흥공단 중소기업정보은행(http://www.digitalsme.com) 등에서 확인할 수 있다.

최근 이슈는 뉴스기사나 증권포탈사이트, 경제지 산업면에서 확인하면 보다 정확하고 신속한 정보를 얻을 수 있다.

대기업의 기업분석방향은 규모적 외형보다는 미래 성장 잠재력을 파악하고, 희망직무의 사내 비중이 중요하다. 그리고 반드시 전문성을 확인하고, 최근 이슈에 귀를 기울일 필요가 있다. 반면 중소기업의 경우에는 주식상장여부 및 유망중소기업여부, 사업분야의 유망성을 확인하여야 하며 실적보상과 경력관리 가능여부를 확인하여야 한다.

외국계 기업의 경우 설립형태와 국내에서의 안정성이 우선시 되어야 하고 구체적인 근무여건에 대한 확인이 필요하다. 그리고 고용계약조건에 대해 자세히 파악해야 한다.

(3) 선택기업 직무분석

선택기업의 직무분석에 대한 고려사항은 다음과 같다.

① 적성과 특기를 살릴 수 있는가?

② 회사내 비중이 높은가?

③ 구체적인 업무 내용이 무엇인가?

④ 발전 가능성이 있는가?

⑤ 특별한 자격요건이 있는가?

(4) 선택기업 직무분석요령

① 진로 전문사이트 활용

② 회사 홈페이지 확인

③ 재직중인 선배를 활용

④ 업계 및 기업의 흐름을 파악

직무분석 샘플

직무명	인사 부문
직무기본사항	• 기업의 결원을 파악하고 정원유지를 위한 인력수급 • 채용진행(채용광고, 접수, 서류심사 및 채용진행, 결과발표) • 인력관련업무(인건비 예산 총괄과, 인건비 지급사항 부석, 인사고과, 복리후생 등)
직무 목적	• 인적자원부분의 핵심역량 강화를 주도하고 추진

구체적인 업무	• 우선 우수인력을 확보하고 유지 • 일을 즐겁게 할 수 있는 직장문화를 제공 • 공정한 성과평가가 이루어질 수 있도록 합리적인 틀을 제시 보상 • 시스템을 구축, 제공회사 조직구조를 만들고, 직원의 경력개발 통로(Track)를 제공
필요 자질	• 종업원의 다양한 생각, 의견을 수용할 수 있는 폭넓은 사고력, 수용성을 항상 견지 • 창의, 도전, 정직, 팀워크, 존중, 고객이라는 CJ Values를 기반으로 하는 가치 실천을 지원할 수 있는 역량 • 조직 운영상 발생하는 수많은 커뮤니케이션을 원활히 할 수 있는 의사소통능력 • 조직의 변화를 앞서 이끌어 갈 수 있는 변화 주도자로서의 리더십 • 조직 내에서 발생하는 이슈를 정확히 분석, 파악하여 올바른 방향으로 제시할 수 있는 문제분석 및 해결능력 • 기본적으로 사람을 존중하고 사랑할 수 있는 따뜻한 마음 • 기본적인 역량요소 외에 채용, 평가보상, 조직문화관리, 인력운영에 필요한 지식과 노하우

3) 채용분석

기업의 채용분석은 대단히 중요한 고려사항이다. 이것을 잘 살펴야 내게 맞는 직장인지, 내 수준에 맞는지 어떤지, 그리고 채용 절차는 어떤지를 구체적으로 알 수 있기 때문이다.

(1) 채용분석 고려사항

① 응시자격 등 고려해야 할 사항은 무엇인가?

② 채용시기는 언제인가?

③ 어떤 능력을 필요로 하는가?

④ 채용절차는 어떻게 진행되는가?

(2) 채용연구요령

① 취업뉴스를 활용하라

② 지난 채용공고를 참조하라

③ 기업 홈페이지를 참조하라

④ 채용 포탈사이트를 활용하라

⑤ 기타 동호회를 활용하라

· 채용시기 및 인원

· 대졸초임

· 관심부서

· 응시자격

· 전형방법

· 제출서류

· 관련자격증

· 입사지원시 고려사항

· 어학점수

· 면접종류

· 연락처

■ **중소기업의 기업분석**

중소기업은 기업분석이 중요하다. 중소기업의 경우 크게 알려져있지 않기 때문에 숨겨져 있는 정보가 훨씬 많다. 그래서 최소한 다음과 같은 채용연구는 기본적으로 필요하다.

- **기업이 정보를 숨기는가** – 업종, 대표이사, 자본금, 설립년도, 사원수, 회사규모, 상장여부, 주소, 사업내용 등
- **홈페이지 · 인증정보 확인** – 홈페이지 구축여부, 업데이트 일자, 회사 연혁, 수상경력 등
- **4대보험 등 복지제도** – 휴가제도, 건강관리지원, 경조사지원, 인센티브, 자기계발지원, 잦은 채용공고 등 이직률 확인
- **기업의 비전과 경영마인드**

● 기업정보의 수집, 분석과 사례 / 기업조사의 주요항목

기본개요	회사상호, 연혁, 근로자수, 대표자, 사업내용, 영업개황 등
기업가치	재무제표(대차대조표, 손익계산서 등 수치로 알 수 있는 현황), 기술현황
근로/자격정보	인재상, 채용정보, 채용공고, 직무정보, 임금 및 후생복지 수준 등의 근로조건

● 기업정보를 어디서 수집할 것인가

1. 금융감독원 전자공시정보시스템 (www.dart.fss.or.kr)
- 각종 공시정보(사업보고서, 주식변동, 임원변동 등 기타)
- 유가증권/ 코스닥 상장기업

2. 유가증권시장본부 (www.sm.krx.co.kr)
- 회사개요, 회사현황(영업현황/시장점유율 등), 재무정보(대차대조표, 손익계산서), 투자정보, 기업비교
- 유가증권 / 코스닥 상장기업

3. 대한상공회의소 - 코참비즈 (www.korchambiz.net)
- 일반정보, 재무정보(대차대조표, 손익계산서), 상품정보, 최신뉴스, 채용정보

- 30대그룹, 100대기업, 유가증권 / 코스닥상장기업, 벤처기업, 수출입기업, 외국인투자기업, 외부감사법인, 기타회원기업

4. 중소기업현황 DB관리시스템 (smdb.smba.or.kr)

- 기업일반현황, 자금지원현황, 중소기업지원제도, 기술특허 인증현황 중소기업지원 정부부처, 유관기관 및 단체 등에 산재되어 있는 중소기업업체

● 기업분석하기의 실제

A백화점의 경우 회사설립일을 보면 25년의 역사를 가지고 있고, 코스닥에 상장되어있고, 일산·신촌 등지에 5개의 할인점과 백화점을 가지고 있다. 2006년 종업원수가 2,680명에 달하며, 매출액이 3,800억 원에 달한다. 이 수치를 보면 이 기업의 규모를 짐작해 낼 수 있다. 특히 재무제표를 통해 매출이 감소하고 있는지, 이익이 늘어나고 있는지를 살펴볼수 있어 기업의 미래를 예측할 수 있게 한다.

1. 연혁과 실적 분석하기

NT(New Technology.신기술), EM(Excellent Machinery.우수 품질), KT(Excellent Korean Technology.한국우수기술)마크 등의 기술인증, ISO9000/14000인증, 100PPM인증, Q마크, GD마크, 기타품질인증

2. 세부채용정보 분석하기

모집 직종, 학력, 신입/경력, 마감일, 급여, 모집인원, 근무형태, 근무지역

3. 객관적 지표로 분석하기

공신력있는 인증 중앙행정기관장 이상의 상을 수상한 기업 ; 우수중소기업 수상경력 등 업계평판 고려

● 기업의 SWOT분석 예

Strength 브랜드 밸류 코스닥 상장법인 주요상권유지	**Weakness** 불안정한 재무구조 매각위기의 사업 업계점유율(1.38%)
Opportunity 매출증가 매각 시 경쟁력강화	**Threat** 대외적 이미지 실추 유통분야 치열한 경쟁

이런 것은 언론의 평가, 주식애널리스트의 분석 등에서 얼마든지 찾아볼 수 있다.

2. 취업사이트 활용하기

기업에는 각 기업마다의 채용 패턴이 있다. 대기업은 정기채용, 수시채용, 상시채용을 번갈아 하고 있고, 중소기업 · 외국계기업 · 벤처기업의 경우 정기채용보다는 수시채용이나 상시채용을 활용하고 있다. 또한 야후코리아, 안철수연구소, 파워콤, 씨제이시스템, 가비아. 하우리 등은 사내추천제도를 활용하고 있다.

의외로 많은 취업준비생들이 취업사이트들을 제대로 활용하는 방법을 모르고 있다. 구인정보를 제공하는 방법은 과거와 현재는 크게 달라졌다. 과거에는 신문/언론매체, 학교 취업부서, 연고추천, 취업박람회, 전문 리쿠르팅 기관, 인터넷, 기타 생활정보지 등의 순으로 활용하던 것이, 현재는 인터넷, 연고추천, 학교 취업부서, 전문 리쿠르팅기관, 신문/언론매체, 취업박람회의 순으로 인터넷의 비중이 매우 강해졌다.

1) 취업 포탈 사이트 정보

(1) 취업포털 사이트 정보 파악

각 사이트별 특징을 파악한다. 검색시간을 최소화 할 수 있도록 분야별 즐겨찾기를 등록한다. 매일 1회 이상 검색 후 관련자료를 스크랩한다.

(2) 대표적인 포탈 사이트에 이력서를 등록한다. 매일 업데이트 한다. 지망분야별 이력서를 작성해둔다.

(3) 각종 공지사항 이벤트에 주목하라. 온 · 오프라인 박람회, 취업특강, 이벤트, 공모전, 무료검사에 적극적으로 참여한다.

(4) 각 사이트의 특화기능을 활용하라. 모바일 채용정보 제공서비스를 살피고 맞춤채용정보를 설정하며 이력서 송수신 확인기능을 점검하라. 열람제한 기업도 설정하고 인 · 적성검사를 적극 활용하라.

(5) 취업상담과 인성 적성 검사를 적극 활용하라. 온라인, 전화, 대면 상담 등을 적극 활용하며 인 · 적성검사, 직무능력 평가를 활용하는 방법도 좋다.

2) 취업 포털사이트 분석
– 각 취업사이트의 특징

(1) 리크루트

수도권 지역 우수기업 채용정보 서비스를 다룬다. 경기도 각 지역 상공회의소와의 업무 제휴 및 온라인 채용사이트 관리가 특징이다. 무엇보다 이 사이트의 중요한 특징은

· 일대일 맞춤형 무료 컨설팅 서비스(온라인 이력서 컨설팅)
· 입사서류 준비, 면접전형, 기업 및 직무선택 등이다.

(2) 잡코리아

· 빠르고 많은 채용정보가 강점이다.
· 여성전용 취업관을 운영하고 외국기업 취업정보사이트가 특징이다.
· 교육기관 교육정보, 연봉검색서비스(유료)

(3) 사람인

· 많은 취업 관련 자료가 있다. 이력서, 면접 등 대기업 정보가 풍부하다.
· 취업정보나누기
· 연봉검색서비스(무료)

(4) 워크넷

· 정부기관 운영 사이트
· 다양한 직업정보
· 직업적성검사 실시
· 사이트 특징 - 직업지도 프로그램 운영, 사이버직업 상담

(5) 잡넷

· 채용사이트 허브포탈사이트

· 직종별, 지역별 취업정보

· 박람회, 세미나, 공모전 정보

(6) 인크루트

· 공모전 정보 풍성

· 각 대학 졸업증명서 발급가능

· 각 대학 성적증명서 발급가능

· 기업 신용보고서 제공

· 인맥서비스(동료찾기, 동창 찾기)

(7) 커리어

· 취업과 창업, 경력개발 등 오프라인 특강

· 동영상정보(인사담당자 인터뷰, 경력개발 등)

〈취업사이트 활용의 예〉

가. OOO씨는 최근 1년간 30여회 입사지원을 하였지만, 서류전형을 통과하지 못하여 면접의 기회를 얻지 못하고 있으며, 자신의 실력이 다른 지원자에 비하여 현저하게 낮다는 생각으로 생활에서

■ 전문취업사이트

병의원,의사 : 메디컬잡(www.medicaljob.co.kr)

신문.방송계통 : 미디어잡(www.mediajob.co.kr)

패션분야 : 패션스카우트(www.fashionscout.co.kr)

패션워크(www.fashionwork.co.kr)

건설분야 : 콘잡(www.conjob.co.kr)

워커(www.worker.co.kr)

외국기업 채용정보 : 피플앤잡(www.peoplenjob.com)

해외취업 : 한국산업인력공단 (www.worldjob.or.kr/index.jsp)

유통판매 : 샵마넷(www.shopma.co.kr)

외식업계 : 잡쿡(www.jobcook.com)

호텔 : 호텔잡(www.hoteljob.co.kr)

재경직, 회계직 : 어카운팅피플(www.accountingpeople.co.kr)

웹전문가 : 웹피서(www.webfficer.com)

석박사전문취업 : 닥터파인드(www.doctorfind.co.kr/)

공직자, 공무원 : 사이버국가고시센터(www2.mogaha.go.kr/gosi/)

교수, 연구원 : 하이브레인넷 (www.hibrain.net/)

그래픽디자인 : 잡정글(www.job.jungle.co.kr/)

디자인 : 디자이너잡(www.designerjob.co.kr/)

학원강사 : 훈장마을(www.hunjang.com)

사무직 : 사무잡(www.samujob.co.kr)

인턴 : 커리어다음 - 인턴(www.career.co.kr)

해외인턴 : 해외인턴정보센터(www.goabroad.co.kr)

워크앤트레블 : 신발끈여행사(www.shoestring.co.kr)

도 위축된 모습을 갖게 되었다.

→ 관련서비스 : 이력서 · 자기소개서 클리닉 서비스, 취업상담 서비스, 인 · 적성검사 서비스 등

나. OOO씨는 요즘 선배들과 얘기를 나누면서 지금부터 취업준비를 시작해야 한다는 말을 자주 듣는다. 대학생 신분으로 공모전이나 인턴십, 봉사활동, 아르바이트 등의 경력을 쌓아야 하는 것을 알고는 있지만 정보를 얻을 길이 없어 막막하다

→ 관련서비스 : 공모전서비스, 교육정보서비스, 자격증 컨텐츠, 커뮤니티서비스 등

3) 인터넷 채용사이트 이용법 – 알짜 사이트에는 출근도장을 찍어라

취업난이 가중되면서 채용사이트가 우후죽순처럼 생겨나고 있다. 인터넷 채용정보 업계는 현재 200여개 이상의 사이트가 개설된 것으로 추정하고 있다. 하지만 이들 중 약 60% 가량이 노동부에 신고되지 않은 불법 사이트인 것으로 집계될 정도로 취업사이트의 난립이 심각한 것으로 지적되고 있다. 이에 따라 양질의 정보를 제공하는 검증된 취업사이트를 이용하는 것이 무엇보다 중요하다. 특히 서너 군데 검증된 사이트를 수시로 방문, 새로운 정보를 검색해 지

원하는 것이 좋다. 또 전문가들이 조언하는 인터넷 채용사이트 활용법을 꼼꼼히 익혀 나만의 노하우를 터득하는 것이 바람직하다.

(1) 이력서 수시 업데이트

이력서를 수시로 업데이트하는 것은 온라인 채용사이트를 이용하는 구직자가 갖춰야 할 필수 항목. 수정할 내용이 있으면 업데이트하는 것은 당연한 일이다. 하지만 수정할 사항이 없어도 수시로 자신의 이력서를 업데이트하면, 해당 사이트에서 인재를 검색하는 인사담당자의 눈에 보다 쉽게 띌 수 있다. 특히 '오늘 등록된 인재정보' 목록에 항상 포함될 수 있어. 채용이 한꺼번에 이뤄지는 시기에는 보다 더 신경 써서 관리해야 한다. 지원 분야나 기업에 맞는 이력서를 각각 작성하자. 수많은 기업 중 한 곳, 혹은 하나의 분야만 지원하는 사람은 드물다. 이럴 때 하나의 이력서로 여기저기 지원하는 것은 절대 금물이다. 자신이 지원하려는 기업, 혹은 지원 분야에 맞는 이력서를 미리미리 작성해 두는 것이 바람직하다.

(2) 게시판이나 커뮤니티 꼼꼼히 체크

지원하고자 하는 기업이나 취업, 채용과 관련된 궁금증을 가장 빨리 해결할 수 있는 곳이 바로 온라인 채용사이트의 커뮤니티. 같은 고민을 하는 사람들의 공감대가 형성돼 있기 때문에 실제 채용정보 외에도 많은 부가 정보를 얻을 수 있다. 다른 사람의 경험담이나 충고가 자신에게 보약이 될 수 있다는 점을 명심, 남 보다 좀더 게시판이나 커뮤니티로 발품을 파는 것이 중요하다.

(3) 자신의 경쟁력 확인

자신의 경쟁력을 미리 체크해 놓는 것이 좋다. 경쟁자가 많다는 것을 감안, 그 경쟁자를 물리치기 위한 자신만의 경쟁력을 갖추는 것이 중요하다. 취업가능지수 진단이나 적성검사는 자신의 적성, 취업 경쟁력을 점검해 볼 수 있는 유용한 자료다. 입사 지원시 보충 자료로 이를 제시한다면 인사담당자에게 자신을 더 알릴 수 있는 좋은 기회가 된다.

(4) 맞춤 채용정보 등록

일일이 하나씩 채용정보를 검색할 시간이 부족할 때 '맞춤 채용정보'를 등록하고 검색해 보는 지혜도 필요하다. 맞춤 채용정보를 이용해 원하는 직종 등 각 항목을 지정해 등록해 놓으면 언제든지 빠르고 쉽게 그 해당 정보만을 검색할 수 있다. 인터넷 채용 박람회 활용도 중요하다. 각종 채용 박람회가 수시로 개최되고 있다. 이벤트와 함께 진행돼 취업도 하고 여러 가지 서비스도 받을 수 있는 좋은 기회가 될 수 있다. 취업은 마라톤이다. 한 번에 직장을 구하겠다는 생각은 버릴 필요가 있다. 수 백 대 1의 경쟁률은 기본인 만큼 비정규직으로 취업한 뒤 정규직으로 전환하는 것도 방법이다. 또 몇 개월 반짝 준비한다고 해서 취업된다는 생각도 금물이다.

마라톤처럼 천천히 끝까지 달리자. 직장체험 프로그램 등을 통해 대학 때부터 기업의 현장감각을 익혀 두는 것도 좋은 방법 중 하나이다.

3. 남다른 이력서로 눈길 끌기
- '나를 팔아 직장을 산다' 는 말을 기억하라

1) 이력서 작성에 앞서

직업을 갖기 위해 가장 먼저 하는 일 중의 하나가 이력서 작성하기다. 통상 '인사서식 1호' 라고 불리는 '문방구 이력서' 는 시대가 변하면서 다양한 모양으로 거듭나고 있다. 구성 내용 또한 능력의 상 중 하를 구별할 정도로 세밀하고 상세해졌다.

한꺼번에 처리됐던 이력사항은 학력과 경력, 자격 사항으로 세분화 됐고, 컴퓨터 사용이 보편화되면서 자필 대신 워드프로세서를 이용해 깔끔한 멋을 내고 있다. 예전에는 대학 취업 지원실에 한 두 장 오던 대기업 입사지원서도 인터넷 채용 문화가 확산되면서 인터넷에서 쉽게 구할 수 있다.

다만 소유한 동산 부동산을 구별해 적어라는 등 재산 정도에서부터 지인 소개까지 미주알 고주알 자기 신상을 드러내야 하는 등 요구사항은 다소 깐깐해진 편이다. 하지만 이런 일련의 종이서류 작성도 직업관이 확실히 정립돼 있는 구직자라면 문제될 게 없다. 기업 환경에 알맞은 준비된 인재로 자신을 갈고 닦는다면 원하는 회사에 '간택'되는 행운을 잡을 수 있을 것이다.

그리고 무엇보다 입사지원서를 작성, 제출하기 전에 꼭 염두에 둬야 할 것은 상대방을 배려하는 마음을 잊어서는 안 된다는 것과 면접관들의 상황을 분석해야 한다는 것이다. 그렇게 한다면 의외로 쉽게 서류전형을 통과할 수 있다. '지피지기면 백전백승'이라고 하지 않았던가.

채용공고를 하면 수백, 수천 명이 입사지원서를 제출한다. 접수자는 서류봉투를 뜯고, 순서대로 정리하고, 접수대장에 입력하는 절차가 보통이다. 물론 전산으로 접수하는 회사도 있으며, 접수대장 입력 전에 간단하게 입력여부를 사전에 검열하는 회사도 있다. 하지만 서류전형 면접관은 본연의 바쁜 업무 중에서 별도로 시간을 내어 서류전형을 해야 한다.

한 명의 사람이 1일 8시간을 화장실도 가지 않고 1분에 1명의 서류전형을 한다면 1일 480명, 2일 960명, 5일 2,400명을 볼 수 있다. 똑같은 양식, 똑같은 색깔, 똑같은 글씨체를 처음에는 꼼꼼하게 볼 수 있어도 시간이 흐르면 흐를수록 판단이 어렵고 싫증이 나는 것은 인간의 어쩔 수 없는 한계다.

따라서 입사지원서와 이력서와 자기소개서는 다른 지원자와는 차별화해야 한다. 타인이 읽어보아도 지루하지 않은 자기소개서를 전략적으로 작성하는 것이 중요하다.

자기소개서를 통해 나올 수 있는 질문 내용을 예상하고 실전처럼 미리 연습을 하면 좋은 결과를 가져올 수 있다. 지원동기, 지원부문 등에 대한 질문은 기본이다. 피상적인 작성이나 대답보다는 구체적인 내용을 준비해야 한다.

대부분의 인사담당자들은 이력서를 신뢰하는가에 대한 물음에 85.3%는 신뢰하지 않는다고 한다. 특히 신뢰하지 않는 부분은 업무관련경험(63.2%) 외국어 능력(22.1%), 봉사활동(40.4%) 순이었는데, 그렇다면 인사담당자들이 이력서 검토시 가장 비중있게 보는 항목은 어떤 항목일까? 인사담당자들은 업무관련경험(83.2%)과 전공(7.3%), 그리고 출신학교(2.6%), 외국어 능력(2.6%) 등을 비중있게 본다고 한다. 그리고 대부분의 인사담당자들은 그들도 사람이기 때문에 '도토리 키재기'라면 이왕이면 빛깔고운 도토리가 낫다는 말도 덧붙였다. 지금 당신의 이력서를 작성한다면, 이력서 작성에 앞서 '독자'의 입장에서 생각해보라.

2) 이력서 최신동향

요즘 이력서들은 필요없는 항목은 점점 삭제하는 추세이다. 예를 들어 학교 소재지, 주·야간 과정 여부, 부모 생존 여부 등의 표기가 사라지고 있다. 구체적으로 사라지고 있는 항목들은 가족사항(15.0%), 학력사항(14.3%), 신체사항(14.3%), 연령(9.6%), 종교(8.9%), 성별(6.2%), 병역면제 사유(5.5%), 본적(4.8%), 가족 월수입(4.8%), 신체 장애사항(3.4%), 혼인 여부(2.7%), 재산사항(2.7%) 등이 입사지원서에서 빠지고 있다.

이력서 평가항목은 크게 수치로 검증되는 부분과 검증되지 않는 부분으로 나눌 수 있는데, 수치로 검증되는 부분은 전체의 약 20% 정도로 나이, 학점, 학교, 자격증, 영어점수, 제2외국어, 해외연수기간 등을 들 수 있고, 이는 대기업 입사지원시 1차 서류 평가 요소이다. 이에 반해 수치로 검증되지 않는 부분은 약 80%정도로 자기소개서의 내용, 아르바이트 및 경력사항, 직무보유기술 및 관련 경험사항, 봉사활동 및 해외연수사항, 동아리 활동 및 특기, 취미사항 등을 들 수 있다. 이렇듯 이력서는 계수화 할 수 없는 부분도 절대 간과할 수 없다.

그렇다면 이력서는 어떻게 써야할까. 성공한 이력서의 요건은 철저한 사전준비를 바탕으로 자기홍보를 극대화할 수 있어야 한다. 특히 직무분석, 이력준비, 양식 및 사진준비, 강점위주로 작성, 능력위주로 작성, 성과위주로 작성한다. 수치화할 수 있는 20%도 중요하지만 80%의 가능성이 더 크다는 것을 명심하자.

3) 이력서 실전 작성

첫째, 이력서 양식을 선택하자. 나의 강점이 상단에 배치될 수 있는 나에게 맞는 이력서 양식을 선택하자.

둘째, 사진은 첫인상이다. 사진은 반드시 신경써서 준비해야 한다. 특히 현재의 모습과 다른 사진은 잘나왔더라도 과감히 포기하자. 사진은 반드시 전문 사진관에서 촬영하고 파일로 받아 둔다. 지나친 포토샵은 삼가하고, 복장은 반드시 정장차림의 사진이어야 한다. 사진은 아주 중요하다. 사람을 처음 만날 때 첫인상이 매우 중요하듯 서류전형에서의 첫인상은 사진이다. 면접관은 서류에서 제일 먼저 사진을 본다. 이후 다른 부분을 하나하나 읽으면서 체크한다.

사진에서 호감이 떨어진다면 다른 항목에도 좋지 않은 영향을 줄 수 있다. 반대로 호감가는 인상의 사진을 봤다면 다른 항목에서도 후한 점수를 받을 가능성이 높다. 인간이 하는 일이기에 어쩔 수 없는 일이다. 실제 얼굴이 넓은 형은 너무 가까운 거리에서 사진을 찍으면 살쪄 보인다.

반면 가느다란 형이 멀리서 찍으면 너무 허약해 보여 건강하지 못하다는 판단을 줄 수도 있다. 자신의 신체 결점, 특히 얼굴을 찍을 때 유의할 필요가 있다. 여드름이나 흉이 있다면 약간의 화장을 하고 찍는 것도 결점을 보완하는 요령이다. 또한 가능한 한 복장은 정장을 하고 찍는 것이 좋다. 야한 복장은 면접관에게 '단정치 못하다' 는 선입견을 줄 수도 있다.

셋째, 인적사항 작성시 필요없는 항목은 과감히 삭제하라. 본적, 호적관계, 가족관계, 취미, 특기, 신체사항, 재산사항 등 있다고 다 쓸 필요는 없다. 과감히 삭제하고 쓰자. 자신의 지원분야와 연락처는 명확하게 작성하라. 가끔 연락처가 없는 이력서는 담당자를 황당하게 한다.

넷째, 학력 및 병력사항은 고등학교부터 작성하라. 학교의 이력사항(중퇴 · 편입)을 빠짐없이 표기하고 날짜를 정확하게 표기하라. 자신의 학력사항도 제대로 못쓴다면 그 이력서는 보나마나 즉시 쓰레기통으로 버려질 것이다.

다섯째, 경력(경험), 자격사항은 최근 경력과 지원관련경력, 경험위주로 작성하라. 성과위주로 작성하고 강조할 부분은 확실히 강조하라. 희망직무에 필요한 자격증을 기재하라. 운전면허증은 운전직에 지원하지 않는다면 과감히 삭제하자.

여섯째, 직무능력사항작성은 채용공고를 반드시 살펴본 후에 채용공고에 맞는 자격요건 사항위주로 본인의 능력을 제시하라.

상 · 중 · 하보다는 구체적인 능력을 기술하라. 해당직무를 수행함에 있어 중요한 능력위주로 작성하라.

4) 이력서 최종 점검

입사지원서 양식 공란은 전부 채워라. 기업에서 양식을 만들 때는 모든 지원자를 동일한 조건에서 비교하고 싶은 생각을 가지고 있다. 공란이 많다는 것은 성실성 또는 입사 열의가 부족한 것으로 인식될 수 있어 좋은 점수를 받을 수 없게 된다. 완성된 이력서는 최종점검을 해보자.

① 편집이 깔끔한가?

② 사진에 자신이 있는가?

③ 자격요건에 부합하는 내용이 있는가?

④ 오타와 공란이 없이 꽉 차보이는가?

⑤ 첨부서류를 준비하였는가?

스스로 인사담당자의 관심을 끌 수 있는 내용이 어느 정도 인지 채점해보자. 몇%인가?

5) 그 외 신경써야 할 것들

(1) 자필인가

이력서는 원래 자필이 원칙이지만 이제는 워드프로세스로 작성하는 것이 대세다. 하지만 자필이 괜찮다면 워드보다 낫다. 글씨를 잘 쓰는 사람은 자필로 쓰는 것이 남과 차별화할 수 있는 유리한 방법이다. 요즘 거의 모든 지원자가 워드프로세서로 작성하기 때문이다.

(2) 접수 방법

접수방법이 방문접수 VS 우편접수로 한정되어 있다면, 방문접수가 효과적이다. 우편접수만 받는 경우에는 등기우편으로 접수하되, 대봉투를 이용하라. e-메일로만 서류접수하는 경우가 아니라면 가능하면 등기우편으로 접수하는 것이 안전하다. e-메일 접수 시 바이러스 및 사용자의 잘못 등으로 데이터가 없어질 수 있다.

문제가 발생하더라도 회사측이 다시 제출토록 연락할 방법이 없는 셈. 특히 입사지원서를 접어서 소봉투에 넣기 보다는 면접자가 깔끔하게 정리할 수 있도록 대봉투에 서류를 펼쳐서 제출한다.

(3) 메일발송

반드시 수신확인이 되는 메일을 사용하여 받았는지 못 받았는지 걱정하는 초조함을 줄이자.

(4) 입사지원서 종이

종이는 연한 색지를 사용하라 대한민국 법에 입사지원서는 흰 종이로 작성하라는 법은 없다. 거의 모든 지원자가 흰 종이를 사용하기 때문에 색깔이 있는 종이를 사용하는 것은 나만의 차별화 방법이 될 수 있다. 중요 사항은 형광펜으로 표시하라. 수백 장 수천 장의 비슷한 서류가 넘친다. 면접관이 똑같은 이력서를 보면서 하나하나 꼼꼼히 챙길 여유가 없다. 면접관이 피곤해 나의 이력서를 못 보고 넘어간다면 나만 손해다. 부각시키고 싶은 항목에는 밑줄을 긋거나 형광펜을 활용해 보자.

(5) 입사지원시점

되도록 빨리하자. 먼저 제출하는 것이 인사담당자의 눈에 띌 확률이 그만큼 높다.

(6) 이메일 입사지원방법

메일은 반드시 닉네임이 아닌 실명으로 발송하자. 간혹 엉뚱한 이름의 메일은 성의가 없어 보인다. 이메일 본문에는 예의바른 인사문구를 넣어 보는 이로 하여금 호감을 가지게 하자.

이력서 파일명에 지원 부문을 명확하게 쓰고 본인의 이름을 반드시 넣어 저장하자. 여러 통의 이력서 이름이 모조리 '이력서'라면 인사담당자는 당신의 이력서를 다시 찾게될 때 어려움을 겪을 것이다.

4. 나만의 향기가 있는 자기소개서

이런 자기소개서는 바로 휴지통에 들어간다. 독창성 없이 인터넷에서 베낀 문구, 여백 절반도 못 채운 소개서는 성의부족, 구체적 팩트없이 주의 주장만, 회사 이름 한 번도 안 나오면 복수지원 의심, '자기'는 없고 배경소개만 있는 소개서 등등이다.

그렇다면 이제 기업에서 원하는 자기소개서를 써보자!

인사담당자가 좋아하는 자기소개서

84.90%	밝고 긍정적인
82.50%	팀워크
73.80%	책임감 / 협동심
55.60%	친구가 많음
46.80%	원만한

(연합뉴스 2006년 5월 기사
인사담당자 126명 대상)

자기소개서는 왜 요구하는가? 이력서와 자기소개서는 인성적인 요건 판단, 면접의 기초자료, 지적 능력 검토(문장력, 논리성)를 위해서다. 또 대인관계, 조직 적응력 판단의 기준이 된다.

1) 자기소개서 기본 구성

지원동기 및 장래포부를 알 수 있어 가장 비중이 높은 항목이다. 직무선택과 회사선택의 동기를 파악하는 항목이며 구체적인 지원자의 비전을 확인해 볼 수 있는 항목이다.

(1) 성장과정

성장과정은 어린 시절의 특별히 남달랐던 부분을 통해 지원자를 파악하고자 하는 것이다. 출생부터 고교졸업까지의 과정을 작성하는 것이 아님을 명심하고, 전달할 내용만 명확하고 짧게 작성하도록 하자.

(2) 성격소개

기업문화적합여부 및 직무 적성 적합성 파악, 가장 직접적으로 인성을 파악할 수 있는 부분이다. 장점위주로 작성하고 단점은 짧게(7:3) 작성하는 것이 바람직하고, 단점도 기술하는 것이 좋다.

(3) 학창시절 및 경력 소개

학창시절 및 경력소개는 지원자의 열정과 삶의 자세, 직무수행 능력을 가늠하는 기준이 된다. 신입사원으로 지원한다면 대학시절의 다양한 경험위주의 기술을, 경력직으로 지원한다면 이전 직장의 수행업무 및 성과 위주기술, 최근의 내용을 가장 비중 있게 기술하여 강조 되어야 한다. 그러나 최근 자기 소개서도 다른 형태로 진화하고 있다. 변형된 자기소개서 항목의 예를 들어보자.

예)

하이닉스 자기소개서

본인의 능력개발을 위한 과거와 현재노력 및 미래의 계획을 600자 이내로 기술 하시오. 지원분야 또는 전공 관련 이수과목명 및 취득성적 (과목최대 10개까지, 성적은 A, B+ 형식기재)

LG전자

IT 능력〈150자〉

자신이 가진 열정에 대하여 (각각 200~1000자)

본인이 이룬 가장 큰 성취에 대하여

본인의 가장 큰 실패경험에 대하여

본인의 역량에 관하여 (Global 감각/지원분야 관련 전문지식)

본인의 10년 후 계획에 대하여

CJ

지원하신 직무를 본인이 잘 수행할 수 있다고 생각하는 이유를 구체적으로 기술하라. (800자 이내)

신입 : 학교생활에서 일반적으로 경험하기 어려운 특별한 체험이나 남다른 성취가 있다면 기재하라.(700자 이내)

SK(주)

내 삶에 있어 가장 기억에 남는 일에 대해 상세히 기술하십시오.(15줄 이내) - 사건, 원인, 과정, 결과를 중심으로

예) 인생에서 가장 힘들었던 경험 / 실패사례 및 가장 큰 성취사례

2) 자기소개서 작성 전략

여기에서 중요한 것은 확실한 주장과 진실되게 보이는 기록이다.

먼저 자신이 직무 적임자임을 강조하고 구체적인 경험을 바탕으로 작성하며 지원동기의 구체화 및 차별화가 필요하다. 또 참신한 헤드라인을 만들자. 이것이 눈길을 끈다. 물론 주제에 맞는 내용을 실어야 할 것이다.

특히 헤드라인 효과를 활용하여 각 항목을 구분하라. 지원동기(40%), 성장과정(10%), 성격소개(10%), 학교생활(20%), 입사포부

(20%) 정도의 비중으로 작성하는 것이 가장 좋다. 적절한 문단구분으로 읽는 사람의 지루함을 덜어 주어야 한다.

헤드라인의 효과의 예

〈원문〉

부산에서 태어났으며 여섯살 때 창원으로 온 후 그곳에서 고등학교까지 졸업하고 지금은 서울에서 대학을 다니고 있는 중입니다. 어렸을 때부터 여러 지역을 돌아다녀 본 저는 우리나라 사투리는 기본적으로 구사할 수 있으며, 우리나라의 여러 지방 특색을 경험한 것이 제 인생 중 가장 가치 있는 일입니다.

〈수정문〉

'가능한 많은 지역에서 똥을 누어 보아라'

아버지의 잦은 지방발령으로 인해 학창시절 약 10년 간을 대구, 전주, 안동, 수지, 부산 등 전국 주요도시에서 생활하며 학교를 다녔습니다. 일찍부터 전국을 무대로 제 인생을 누벼온 저는 여러 지역의 사람을 만나다 보니 사람을 대하고 커뮤니케이션하는 방법을 자연스레 알게 되었습니다. 물론 처음에 학교 수업에 적극적으로 참여하고 친구들과 어울릴 때 까지 1년간의 힘든 시기가 있었지만 전학을 하면 할수록 그런 적응시간은 차츰 짧아졌습니다. 이방인이 아니라 토착민이 될 수 있는 다양한 커뮤니케이션 스킬을 가진 제 경험은 지난 유럽여행에서도 빛을 발했습니다. 처음에는 이방인인 듯 했지만 어느새 토착민처럼 되어 많은 친구들을 사귀면서 그들과 인연을 맺었습니다. 그리고 그 때 맺은 여러 나라 사람들과의 친밀한 관계는 아직까지 이어지고 있으며 이젠 국내에만 머무르지 않고 해외에서도 제 흔적을 남기며 발전하고 싶습니다.

3) 자기소개서 서술 기법

(1) 진부한 표현은 쓰지 않는다

· 문장 첫머리에 '저는…', '나는'으로 시작하는 것은 지양하자. 자기소개서는 바로 자신의 것임을 잊지 말자.

· 1900에~에서 태어난… (제발 이제는 그만 써라)

· 책임감이 있고 성실하다…(증거는 어디에?)

· OOO 동아리 회장을 맡으면서~~~ 리더십을 길렀다. (동아리회장 ≠ 리더십)

(2) 감점요인의 말은 쓰지 않는다

· 굉장히, 매우 : 과장을 잘하는 사람으로 보일 것이다.

· ~에 빠져서, ~만 하면서 : 균형감각이 부족한 인재

· ~일지도 모릅니다 ,~같습니다. : 우유부단

· ~후에 대학원 진학~, MBA취득: 곧 떠날 사람

· 뽑아만 주시면, 어떤 일이든지: 직업목표가 불명확

· 유일한, 1등으로, 최고의 : 잘난 척의 대가

(3) 당연한 말은 쓰지 않는다

· 학생 때는 공부를 열심히 하였습니다.

· 군대시절 군복무를 충실히 하였습니다.

· 친구들과는 의리 있게 지냈으며, 우정이 돈독합니다.

· 부모님께 효도를 하며 자랐습니다.

· 입사하면 열심히 하겠습니다.

· 경험은 부족하지만 최선을 다하겠습니다.

4) 실전 작성

(1) 실전 작성 - 지원동기

가. 지원동기 이래서야 뽑힐까?

저의 신념은 제가 있는 자리가 플러스가 되도록 항상 능동적

이며 적극적으로 생활한다는 것입니다. 이러한 신념을 바탕으로 귀사의 발전에 기여할 수 있는 작은 일원으로서 사회의 첫발을 딛고자 합니다.

도전, 창의, 국익을 바탕으로 업계를 대표하는 일류기업으로 커온 귀사는 상업적 목적에 앞선 국익우선의 기업정신을 통해 이상적인 기업문화를 가꾸어 온 회사라고 생각합니다. 이러한 귀사의 모습에 매력을 느끼게 되었고 꾸준한 관심을 통해 고객의 신뢰를 최우선으로 생각하는 귀사가 진정으로 제가 원하는 회사임을 알게 되었습니다.

저에게 삶은 곧 행복이고 기쁨입니다. 이제 이러한 기쁨이 일을 통하여 얻어지는 창조적인 기쁨과 보람이 되도록 노력할 것이며 이러한 저의 의지가 귀사에서 커나가기를 바라기에 지원하게 되었습니다. (더 구체적이고 더 창의적이어야 한다)

나. 실전작성 예

누구에게 더 호감이 갈까? A와 B는 중위권대학 출신이고 학점은 3.6, 생명공학전공, 토익은 870점 수준이다. 즉 비슷한 조건의 학생이라는 것이다.

	A	B
고교 시절	• 어려서 부터 생물, 미생물에 관심이 많음 • 즐겨보는 TV채널 : 내셔널지오 그래픽 • 화학, 생물 점수가 높음 • 흥미에 따라 생명공학전공을 선택함	• 생물, 미생물에 그다지 관심이 없음 • 즐겨보는 채널 : 역사드라마 • 화학,생물점수 그다지 좋지 않음 • 부모님 권유에 따라 생명공학전공을 선택함
대학 시절	• 미생물연구동아리 가입 • 교수님 랩실에서아르바이트 • 해외생명공학 웹사이트 서핑이 취미 • 스스로 발효식품을 만들어 봄 • 즐겨보는 전문서적: 사이언스 • 단백질 합성에 특별히 관심이 많음	• 흥미는 없었지만 학점을 위해 열심히 공부 • 용돈을 벌기 위해 아르바이트 경험 없음 • 전공 과목 레포트를 위해 실험한 경험 없음 • 생명 공학 웹사이트 아는 곳 없음 • 즐겨보는 전공전문 서적 없음 • 특별히 관심있는 분야 없음
구직시점	• 단백질 합성을 통한 신약 개발 희망 • 평소에 관심있던 OOO 회사에 지원희망	• 전공 관련된 업무로서 채용하는 기업희망 • 전공 관련된 업무로서 채용하는 기업희망

다. 지원동기 샘플

고등학교 시절, 즐겨보던 TV프로그램이 생명의 신비와 같은 가깝지만 무심코 지나치는 분야에 대한 다큐멘터리를 많이 방영했던 내셔널지오 그래픽이었고, 매달 집으로 배달되던 과학동아가 가장 좋아하는 책이었을 만큼 생명공학에 관심이 많았습니다. 그래서 전공을 선택함에 있어서도 주저함이 없이 생명공학을 선택할 수 있었습니다.

대학입학 후 생명공학에 대한 관심을 깊이 있는 지식으로 만들고자 노력하였고 그런 저의 의지는 다양한 활동을 통해 표출되었습니다. 미생물 연구동아리를 통한 매월 2가지 이상의 실험 경험, 교수님 실험실에서 보조연구원활동을 통한 민간기업 프로젝트의 간접경험, 사이언스지의 정기구독 및 생명공학 전문웹사이트인 www.xxxxx.com의 정기적인 서핑을 통한 생명공학 트렌드의 이해 등은 이러한 제 의지의 산물이며 미래 생명공학연구원으로서의 든든한 기초라고 자부합니다.

xxx전공과목교수님의 지휘 아래 1년간 진행된 "이종 단백질 합성을 통한~~~~"프로젝트에 보조연구원으로 참여하면서 단백질합성에 대해 특별히 관심을 가지게 된 저는 저의 진로방향도 단백질 합성을 통한 신약 개발에 두었고 OOO사를 관심있게 지켜보아 왔습니다. OOO사는 조그만 규모임에도 불구하고 단백질에 관한한 타의 추종을 불허 할 만큼 기술력을 가지고 있다고 확신하며 그 대표적인 프로젝트가~~~~프로젝트라고 생각합니다. 지금까지 일관성있게 생명공학도로서 스스로에게 부끄러움이 없도록 준비한 결과를 하나하나 OOO에서 결실을 맺고 싶고 OOO의 수석연구원으로서 꿈을 이루어나가고자 지원하게 되었습니다.

(2) 실전 작성 - 장래포부

장래포부의 시점과 비중을 정확히 기록하라. 입사후 3년차 5년차 10년차와 은퇴시기까지 기록하는 열성을 보인다.

가. 장래포부 샘플

생명공학연구원으로서 로열티를 받는 "~~~~~ 신약" 제품에 제 이름 석자를 새기는 것이 저의 최후의 포부이며 그 꿈을 OOO사의 가족으로서 이루고 싶습니다.

OOO사에 입사를 하게 되면 신입연구원에 대한 기대에 부응하겠습니다.

첫째, OOO사의 연구시스템에 딱 들어 맞는 너트가 되겠습니다. OOO사는 현재 진행중인 xxx프로젝트의 조기성공을 목표로 회사의 모든 역량을 투입하고 있다는 것을 알고 있습니다. 그 프로젝트의 막내 연구원으로서 xxxx이론에 현실성 테스트를 책임지고 진행해 보고싶습니다. 이는 학부시절 참여한 "~~~~~~~~"연구의 일부분이었을만큼 제가 당장 OOO사에 기여할 수 있는 부분이라 생각하기 때문입니다. 이를 위해 xxx에 대한 전문적 식견뿐 만 아니라 관련분야에 대한 안목도 소홀히 하지 않을 것입니다.

둘째, 제 일의 본질을 이해하는 직원이 되겠습니다. 일의 본질을 이해해야만 창의적인 아이디어가 나오고, 그 아이디어가

대박을 터뜨리는 기회를 만든다고 생각하기 때문입니다. 본질을 이해하기 위해서 '왜?' 라는 질문을 항상 생각하는 태도로 업무에 임할 것입니다.

마지막으로 OOO사는 입사를 위해 조사를 하던 중 "~~~"에 있어 경쟁사에 약한 면이 있음을 알게 되었습니다. 그 약점을 해결하기 위해서는~~~ 하는 것이 좋은 생각일 수 있다는 생각을 해 본 적이 있습니다. 항상~~~한 직원으로서 조직에 기여하고 인정받는 직원이 되고 싶습니다.

(3) 실전 작성 - 성장 과정

부모님 및 가족의 이야기가 중요하다. 성장과정에 대한 오해를 주지 말고 상세히 작성할 필요가 있다. 어린 시절부터 대학입학까지의 과정을 쓴다.

가. 성장과정 작성법

과정이 아니라 특징적인 에피소드 위주로 작성하라. 일기를 쓰는 것이 아님을 명심하라. 자기소개서임을 잊지 말라. 짧게 핵심만 작성하라. 지금의 모습이 상상이 되도록 자신의 모습을 연상하며 쓰라.

나. 성장과정 샘플

20대 중반에 500만 원의 목돈을 모은 비결!!

지금도 꼬박꼬박 장부에 월간목표와 계획을 적고 실천하실만큼 부모님께서는 무슨 일이든지 목표를 세워놓고 실행하도록 가르치셨습니다. 그 때문에 여섯 살 때부터 메모한 메모지가 이제는 다락방에 한 짐이 될 정도였고 지금까지도 친구들과 가까운 곳에 여행을 가더라도 꼼꼼하게 계획을 세우고 준비물을 준비 할 정도로 계획성 있는 생활자세를 가질 수 있었습니다. 또한 학교를 다니면서 생활비 및 부대비용은 항상 제가 마련하며 생활하였고, 심지어는 틈틈이 부모님께 용돈을 드릴 수 있을 정도로 알뜰하게 생활하였습니다. 이는 가급적이면 부모님의 도움없이 모든 일을 스스로 결정하고 해결하려는 의지의 산물이었고, 또한 어린 시절 스스로 일을 해냈을 때 항상 선물을 주시던 부모님의 교육방법의 덕분이라고 생각합니다.

(4) 실전 작성 - 성격 소개

가. 효과적인 단어 사용

장점으로 꼽을 단어로 세심함 꼼꼼함 지구력 집중력 호기심 윤리적과 같은 용어들을 잘 구사하면 효과가 있다. 단점으로는 활동적

급한 성격 고집이 센 성격 결과위주의 성격 등이 꼽히는데 가급적 쓰지 말라. 연구원의 자질, 일을 먼저 생각하는 인상을 심어주라.

포인트는 다음과 같다.

- 맡겨진 업무를 잘 할 것 같은 느낌
- 조직에 잘 적응하고 조화를 이룰 것 같은 느낌
- 인간성이 좋을 것 같은 느낌

나. 성격소개 샘플

"다펴줘김"!!

다소 꼼꼼한 성격을 가지고 있어서 어떤 일을 맡겨도 안심이 된다는 말을 자주 듣습니다. 대학2학년 때부터 한달치 일정을 미리 계획하고 할 일을 메모해 두어 빼먹는 일이 없었으며, 여분의 휴대폰 배터리와 칫솔, 비상금을 항상 챙겨다닐 정도로 만약에 생길 수 있는 일에 대한 대비를 하고 다니는편입니다. 다만 이러한 성격 때문에 때론 너무 빈틈이 없고 인간미가 없어 보일 때가 있다는 말을 듣기도 하지만 별명이 "다펴줘김"일 정도로 이런 준비성이 제가 아닌 타인의 것이 되는 경우가 많습니다.

→ 희망 업무를 잘하고, 조직문화에 잘 적응할 것 같은 느낌
인간성이 좋을 것 같은 느낌

(5) 실전작성 - 학교생활, 경력소개

가. 기본 요령

이것은 핵심되는 단어를 꼭 활용하라는 것이다. 신입사원이라면 다양한 경험, 올바른 배움, 활동적인 행동이 들어가야 하고 경력사원이라면 희망 직무와 관련있는 경험이 중요할 것이다.

구체적이고 깔끔하게 정리하되, 직무 및 회사의 인재상에 부합되도록 작성하라.

나. 학교생활 샘플

2만 학우를 위한 학내 최초의 게임대회(포트리스), IT관련세미나, 대동제 등을 성공적으로 개최했습니다. 매 행사개최를 통해 흘린 땀방울은 더 많은 희열로 다가왔습니다. 특히 대동제 후 크라잉넛 멤버(한국 최고의 락그룹)와 가진 술자리는 피로회복제와 같았습니다.

하지만 엄청난 노력에도 불구하고 모든 학우들의 관심을 이끌어내지 못했을 때는 너무나 힘들고 지쳤습니다. 그런 경험으로 수요자에 대한 요구파악을 정확하게 알아내는 것이 얼마나 중요한가를 배우게 되었습니다.

그리고 'Michael' 을 잊을 수 없는 2달 동안의 English Camp생

활이 있습니다. Native와 2달 여 동안 합숙을 하면서 한국어를 전혀 사용하지 못했으며, 친구이자 강사였던 마이클과는 캠프가 끝난 이후에도 계속 연락을 주고 받으면서 한국문화를 가르쳐주고 술자리를 통해 동서양의 턱을 극복할 수 있었습니다.

그리고 4학년 여름방학 동안 중국 배낭여행을 통해 많은 친구들을 사귀었습니다. 현재도 E-mail을 통해서 연락하면서 언젠가는 다시 만나 서로에게 도움을 줄 소중한 친구로 간직하고 있습니다.

→ 열정적이고 다양한 활동사항, 구체적인 경험과 배움전공에 대한 깊은 탐구

다. 경력소개 샘플

〈 OOO 〉

OOO은 Straw, 식품용기, 직물, 염색, 플라스틱 파레트 등의 제품을 제조하는 제조업체입니다. OOO전산실에서 2년 가까이 근무하면서 제가 주로 담당했던 업무는 COBOL로 구축된 인사/급여/회계/자재재고 관리시스템을 운영하는 것이었습니다. 또한 Visual Basic을 공부하면서 수출서류 관리프로그램과 영업관리프로그램을 작성하였습니다.

OOO은 제게 제조업체에서 전산이란 서비스 업종이며, 서비스정신으로 사용자의 필요를 충족시켜주기위해 노력하며 일할 때, 그리고 그렇게 되었을 때 참된 보람을 느낄 수 있다는 사실을 일깨워 준 곳입니다.

〈 OOO〉

OOO은 병원 및 출판사 시스템을 개발하는 SI업체입니다. 참 시스템에서는 COBOL로 구현된 출판사 총판 프로그램 및 정기 구독자관리 프로그램의 Y2K 문제를 해결하였고, 3G라는 통신 판매 업체의 통신판매시스템의 리포트 프로그램을 작성하면서 통신판매업체의 업무흐름을 이해하게 되었습니다.

→ 지원 부문과 관련있는 경력, 성과 위주의 경력

(6) 실전작성 - 교정

길어서 어색한 문장들은 가급적 줄여라. 장황한 것은 어쨌든 모양새가 좋지 않다.

〈수정전〉

부모님께서는 힘들고 빠듯한 생활 속에서도 4남매의 대학생활을 부족함 없이 학업에 열중할 수 있도록 뒷바라지 하시고 안정된 가정을 꾸미기 위해 노력하시고 당신들의 의견보다는 자식들의 생각을 더 중요시 생각하십니다.

〈수정후〉

힘들고 여유롭지 않은 생활 속에서도 4남매의 교육을 우선시하시는 부모님 덕분에 대학공부를 충실히 할 수 있었습니다.

또한 부모님께서는 언제나, 당신들의 생각보다는 자식들의 의견을 더 중요하게 생각하셨습니다.

→ 주절과 서술절의 관계가 어색한 문장도 피하라. 간결한 것이 훨씬 인상적이다.

〈수정전〉

여러 사람들과 공동체 생활을 하다보니 남을 배려해야하는 마음을 키울 수 있게 되어 제자신이 성숙할 수 있는 소중한 경험이 되었던 것 같습니다.

〈수정후〉

여러 사람들과의 공동체생활은 타인을 배려하는 마음을 갖게 했으며, 독립된 인격체로 성숙할 수 있는 계기가 되었습니다.

→ 단순한 나열로 인해 촌스러운 문장도 피하라

〈수정전〉

평소 컴퓨터에 관심을 갖고 있었던 저는 OO전문대 전자상거래과로 진로를 정하고 전산에 대한 이론과 실기를 차근차근 배우면서 프로그래머라는 꿈을 키워나갔습니다.

〈수정후〉

컴퓨터에 대한 관심은 OO전문대 전자상거래과의 진학으로 이어졌고, 전산에 대한 이론과 실기를 배우며 프로그래머의 꿈을 키워나갔습니다.

→ 군더더기가 많은 문장도 참을 것. 하고 싶은 말을 다 쓰지는 말라.

〈수정전〉

현재 빠른 속도로 발전해 가는 무선멀티미디어 분야 및 유비쿼터스 컴퓨팅환경은 우리 삶의 중요한 부분을 차지하고 있으며 매우 편리한 삶을 구축해 나가고 있습니다. 그 밑바탕을 이루는 임베디드기술 및 노하우에 있어 우리나라는 전자강국임에도 불구하고 많은 인력을 확보하지 못하고 있습니다.

저는 저의 지식과 역량을 극대화하여 급속하게 기술이 변하고 진보해 나가는 이 임베디드기술 분야에서 최적의 시스템을 개발할 수 있는 전문가로 성장하기를 원합니다.

〈수정후〉

임베디드 프로그래머는 고부가가치 기술력이라는 점과 생활 환경 변화에 기여할 수 있다는점에서 직업으로서 호감을 느끼기에 충분했습니다.

→ 사전 문구 활용 문장도 베낀 것 같아 성의가 없어 보인다.

〈수정전〉

사진촬영 동아리활동을 하면서 분명한 의지로, 계획적인 단계를 밟아 열의를 가지고 행동한다면 최고의 가치를 가질 수 있다는 것을 배울 수 있었습니다.

〈수정후〉

사진부 활동을 하면서 강한 의지로, 철저한 계획 아래 열정을 가지고 행동한다면 최고의 자리에 오를 수 있다는 것을 배웠습니다.

→ 동문서답 문장은 정말 큰일 난다.

〈수정전〉

미술을 좋아했던 이유 때문인지, 저의 인생관에서도 많은 영향을 받게 되었습니다. '늦었다고 생각할 때가 가장 빠르다' 이것이 저의 생활신조입니다.

〈수정후〉

'늦었다고 생각할 때가 가장 빠르다'는 생활신조로 인해 늦게나마 미술에 대한 꿈을 펼칠 수 있었습니다.

→ 얼버무림 문장은 최대한 피하라.

〈수정전〉

항상 제가 있는 자리에서 최선을 다하고 완벽을 기하는 자세이길 노력합니다.

〈수정후〉

항상 제가 있는 자리에서 최선을 다하고 완벽을 기하는 자세로 매사에 임하겠습니다.

→ RAP형 문장도 감점이다.

〈수정전〉

그림을 좋아해 미술을 전공하길 원해 뒤늦게 입시를 준비했고, 결국 미대에 진학하진 못했지만 많은 것을 배울 수 있었습니다.

〈수정후〉

그림을 좋아해서 미술을 전공하고자 뒤늦게 입시를 준비했습니다. 결국 미대에 진학하지 못했지만, 그 과정에서 색채에 관한 감각과 사물을 다른 각도에서 보는 법을 익힐 수 있었습니다.

(7) 최종 점검

이제 최종 점검이다. 다 써놓고 틀린 부분이 발견되면 큰일이다. 반드시 교정을 보자.

가. 특정 회사에 대한 지원동기인가?

나. 호감을 느낄 만한 내용인가?

다. 오타가 없는가?

라. 띄어쓰기가 올바른가?

마. 전반적으로 읽기 편한가?

→ 인사담당자의 관심을 끄는 내용은 면접시 질문이 된다.

(8) 입사지원서 작성 후 유의사항

가. 주변 사람들의 검증을 받아라

나. 워드프로세스 별로 준비해두라

다. 취업포탈사이트에 등록하고 공개하라

라. 끊임없이 수정 보완하라

이런 순서로 접근하는 것이 도움이 된다.

(9) 마무리는 깔끔하게

이제 마무리할 일만 남았다. 기업의 인사 채용 담당자들은 항상 바쁘고, 맡은 직무가 복잡해서 이력서를 자세히 읽어 보며 선별할 시간적인 여유가 없다. 이력서를 훑어보는 단 몇 초간을 위해 즉각적으로 기억에 남고 좋은 인상을 줄 수 있는 이력서나 입사지원서를 만들어야 한다.

이런 접근 방식은 주요 기업들의 채용 패턴으로 자리잡아가고 있는 인터넷 채용 방식에도 그대로 적용된다. 수많은 이력서 파일 중에서 조건에 맞는 이력서가 인사 담당자의 눈길을 잡을 것이기 때문이다.

온라인 입사서류 전형은 크게 e-메일 형식으로 첨부파일을 보내는 방법과 해당 회사 홈페이지에 접속해 온라인으로 접수하는 방법이 있다. 각각의 방법에 공통적으로 주의해야 할 사항들을 다음과 같이 정리했다.

① '요구사항' 대로 꼭 보내라

지원자 중에는 꼭 청개구리같이 행동하는 부류가 있다. 회사 양식에 그대로 작성 후 보내기 클릭하거나 첨부파일 없이 TXT파일로 보내라고 제시해도 이를 무시하고 별도 파일로 작성해 첨부시켜 보낸다. 별도 파일이 개성있고 눈에 띄기는 하지만 검토하기에 불편하고 바이러스 감염 여부 때문에 인사 담당자가 열어보지도 않는다면 어떻게 하겠는가. 회사가 지정한 양식을 반드시 따라야 한다. 단, 자격증이나 성적증명서 등 첨부 파일을 요구하는 경우는 압축 없이 덧붙이도록 한다.

② 자기소개서는 처음 다섯줄로 승부하라

온라인 자기소개서는 처음 다섯줄 정도에서 걸러진다. 인사 담당자들은 보통 자기소개서의 지원동기만 봐도 지원자를 어느 정도 파악할 수 있다고 한다. 아무리 훌륭하게 마련한 서류도 인사담당자가 읽어 주지 않는다면 헛일이다. 처음엔 몇 줄로 간략히 작성하고 나중에 세부 내용을 정리하면서 지나치게 많은 양이 되지 않도록 내용을 축소한다. 경력의 경우는 어떤 부서에서 어떤 일을 했는지, 구체적인 실적 중심의 이력서가 효과적이다.

신입의 경우는 학과 외 활동이나 아르바이트를 통한 현장체험을 통해 자신만이 갖고 있는 특별한 가치를 명확히 표현할 필요가 있다. A4용지 1장 정도가 적당하다.

③ 튀는 입사서류가 눈에 띈다

온라인 지원양식은 대부분 정형화돼 있어 자신의 강점을 부각시키기 힘들다. 따라서 형식적인 것을 바꿀 수 없다면 보기 좋게 꾸미는 것도 한 방법이다.

파일 제목에 신경을 쓰고 작성한 문장 중 중요 사항은 밝은 색상의 컬러를 주거나 밑줄을 긋는 것도 좋은 방법이다. 지원 업종에 따라 증명사진 대신 모델 같이 연출한 사진을 쓸 수도 있다. 자신의 홈페이지를 링크시켜 놓는 것도 이색적이다.

④ 입사서류 빈칸은 다 채워라

무차별적으로 쏟아진 이력서 중 인사담당자는 면접을 볼 사람을 걸러내기 위해 자사와 해당되는 검색 키워드를 사용한다. 빈칸을 남기면 지원자 데이터베이스를 조건 검색할 때 누락되기 쉽다. 특히 사회 이슈, 트렌드에 맞게 수시로 이력서를 업그레이드 시키고, 시대감각이 있음을 알려야 한다. 이력서를 제출하려는 기업과 관련한 최신 뉴스, 소신, 인상 등을 언급해 기업의 관심도를 함께 나타내는 것도 중요한 전략이다.

⑤ 희망부서, 희망연봉, 긴급연락처를 적어라

누누이 말하지만 이력서를 받는 사람은 항상 바쁘다는 것을 알아야 한다. 짧은 시간에 인사 실무자의 눈과 마음을 통해 선택되고 읽혀졌다면 최종적으로 체크할 사항은 희망부서, 희망연봉, 긴급연락처이다. 따라서 이를 이력서나 입사지원서 오른쪽 맨 위에 반드시 적어둬야 한다.

⑥ 원서는 빨리 접수해라

온라인 접수는 내방접수나 우편접수 때보다 훨씬 많은 사람이 몰린다. 입사 전형 초기에는 꼼꼼히 보던 인사 실무자도 마감이 임박하면 자세히 검토할 시간적인 여력이 없게 된다. 간혹 접수가 몰려서 서버가 다운되는 경우도 있으니 마감일까지 기다리지 말고 여유있게 2~3일 전에 접수하는 것이 좋다.

⑦ 주위 전문가 평가를 받아라

마지막으로 완성된 이력서는 반드시 전문가에게 평가를 받아 보는 것이 좋다. 부족한 점이 없는지, 잘못된 부분은 없는지 등 세심히 살펴봐야 한다. 온라인 접수 여부가 걱정된다면 제목에 '재송'이라 덧붙여 다시 보낸다. 요즘은 수신자가 읽었는지 확인이 가능한 '읽음 확인' 기능도 있다. 또 접수하기 전에 반드시 제출할 이력서와 자기소개서를 복사해서 보관하도록 한다.

면접 일정을 통보 받았을 경우, 제출했던 이력서와 자기소개서를 다시 한 번 읽어 본다. 면접관에게 엉뚱한 대답을 하는 불상사를 막을 수 있고 자신의 생각을 정리한 답변을 준비하는 데도 도움이 된다.

5. 면접준비전략, 첫 만남 10초를 잡아라

기업은 서류심사를 통과한 뒤 면접을 통해서 그 사람에 대해 판단하게 되는데, 아는 것이 많고, 전문성이 높고, 말솜씨가 뛰어난 사람보다는 궁극적으로 '결과'를 만들어 낼 수 있는 사람을 원한다. 그러나 그것은 첫 인상에서 결정되는 경우가 대부분이다. 수많은 경쟁자들 가운데 나를 어떻게 포장하고 디자인할 것인가?

기업의 면접 트랜드를 보면 중소기업의 경우 서류전형 30%, 면접 70%이고 공기업 · 공단의 경우 서류전형 50%, 면접 50%로 면접 비중이 증가 추세에 있다. 대기업의 경우 서류전형 20%, 면접 80%인 경우가 많고 외국계기업은 서류전형 20%, 면접 80%이며 면접은 어떤 입사에서나 50%이상을 차지할 만큼 대단히 중요하다.

또한 필기시험 비중이 증가하고, 다단계 면접 등 다양한 면접 방법을 도입하고 있으며, 역량면접과 인 · 적성검사 도입 기업이 증가하는 추세이다.

한편 기업규모별 평가기준을 살펴보면 대기업은 지원자의 잠재능력과 발전가능성에 중점을 두고 있는가 하면 발표의 논리성 〉 면접태도 〉 업무지식 〉 자신감 〉 순발력 · 재치 · 유머 〉 외모 및 옷차림 순으로 평가하는 경향이 있다.

이에 반해 중소기업은 태도나 성격이 중요하다. 당연히 아는 것을 증명할 수 있는 프레임(인상, 복장, 첫인상, 말투 등)이 중요하며 업무지식 〉자신감 〉면접태도 〉자신감 〉순발력 · 재치 · 유머 〉외모 및 옷차림의 순서로 보게 된다.

1) 면접관은 어떻게 면접에 임할까

(1) 인물평가

· 용모를 통한 평가 : 호감을 주는 인상인가, 건강상태는 양호한가를 먼저 보는 것이다.

· 면접에 임하는 태도와 자세 : 준비가 철저한가, 긴장된 상황에서 침착한 답변이 가능한가를 보는 것이다. 이 둘 다 첫 인상이 대단히 중요하다.

(2) 질의 응답평가

지원자의 답변내용에서 평가하는데 지원 직종에 대한 지식이 있는지, 준비는 얼마나 하고 왔는지, 해당직업에 대한 가치관(직업관)은 어떤지, 각종정보에 대한 민첩성과 시사성, 국제화 감각 등은 어느 수준인지를 살펴보는 것이다.

또 지원자의 답변내용과 형태를 통한 평가를 하게 되는데 이 때는 질문에 대한 이해력과 판단력, 논리적인 표현력과 원활한 커뮤니케이션, PT능력을 주로 묻게 된다.

2) 면접의 종류

참여 면접자 수별로 개별면접과 집단면접으로 나눌 수 있다. 어느 쪽이든 쉽지 않다.

(1) 단독(개별)면접

면접자 1명, 면접관 1명 이상으로 심층면접, 역량면접, 실무자 면접 등이 있다.

개별면접의 특징은 집중적으로 지원자를 판단할 수 있고 면접자가 부담을 느끼는 면접유형이기 때문에 담대한 사람일수록 유리하다. 면접관이 다수일 경우 모든 면접관에게 시선처리를 하도록 하는 것이 좋다.

(2) 집단면접

면접자 다수, 면접관 다수로 이루어지며, 인성면접, 임원면접 등이 있다. 집단면접의 특징은 옆 지원자와 바로 비교되기 때문에 답변의 내용이 중요하며 그 자리에서 당황하는 것이 바로 비교되기

▷ 사진은 집단 면접의 장면으로 특정 인물이나 기업과 관련이 없음

때문에 긴장감이 더하다. 타인의 답변을 경청하는 태도도 평가요소가 되며 옆 지원자가 경쟁상대라서 경쟁의식을 강하게 만드는 측면도 있다. 평가에 있어서는 객관성 유지가 어느 정도 가능한 면접이다.

(3) 집단토론식 면접

특징은 집단 속에서 개인의 리더십, 판단력, 설득력, 협동성을 평가하는 방식이라는 것이다. 주로 5~8명의 지원자들이 토론하는 모습을 평가하고 팀당 30분~1시간 정도 시간을 주고 발언내용, 토론자세, 대화 스킬을 집중적으로 평가하게 된다.

이 경우 튀지 않고 그룹에 동화되는 모습이 중요하고 요지를 명확히 말하는 것이 중요하다. 질문은 시사적인 질문이 대부분이다.

사례

- 중국반도체에 추격당하는 한국반도체 업체의 대응전략(삼성전자)
- 청계천 복원에 대해 어떻게 생각하나?
- 수도를 옮길 때의 장점과 단점을 말하라.
- 하리수가 남자인가 여자인가.(조흥은행)
- 미혼남녀의 사내 결혼에 대해 찬반을 논하라.(해태유통)

대응 방법

먼저 결론을 제시하고 부연 설명을 덧붙인다. 또 주제가 복잡하면 중요사항부터 언급한다. 중요한 것부터 먼저 이야기하고 질질 끌지 않도록 설명을 정리해서 하는 것이 중요하다. 독창성 있고 현실성 있는 답을 제시하는 측이 유리하다.

주의사항

- 발언권 독점
- 불충분한 증거와 부적절한 논리 전개
- 자기주장에만 신경을 쓰느라 다른 응시자의 주장을 듣지 않는 일
- 공격적인 발언
- 다른 응시자의 의견을 인정하지 않고 자기 의견만을 고집하는 일
- 다른 사람이 발언 중 옆 사람과 이야기하는 일
- 틀에 박힌 표현을 절대 피하라

(4) 프리젠테이션 면접

특징은 직군별로 전문성 있는 주제에 대해 발표하는 것이다. 주어진 주제를 선택하여 일정시간 후에 발표하게 하는데 전문지식이나 시사성과 관련된 주제가 대부분이다. 또 내용뿐만 아니라 시선처리, 손동작, 목소리 등 자세도 중요하기 때문에 프리젠테이션 면접에선 각별한 주의가 필요하다. 이 경우 업계동향 및 지원직무에 대한 전문지식이 도움이 된다.

사례

- TFT-LCD(초박막액정표시장치)의 사이즈 확대와 규격 표준화
- 해외 지사를 설립할 때 성공할 수 있는 방법과 전략을 해외시장 상황에 맞춰 설명하라.(삼성전자)
- 현재 시장 환경과 향후 시장을 고려해 투자자들에게 어떻게 투자할 것을 권할 것인가? 그리고 그 이유는 무엇인가.(LG전자)
- 기업분식회계와 관련 기업의 윤리의식에 대한 의견을 말하라.(교보생명)
- '직장생활계획서'를 프리젠테이션 자료로 만들어 보라.(국민은행)

대처

- 발표를 시작할 때 목차를 정리해 말해준다.
- 도입에서 문제제기는 간단 명료하게

- 자신감 있는 목소리

- 손동작은 결정적일 때만 가볍게

■ 성공면접을 위한 액션이미지

1. 지나친 솔직함은 약점이 된다. "성격이 급해서 흠입니다" ↔ "성격이 좀 급한 것이 단점이기는 하지만 제가 맡은 일이 있으면 그 일을 가능한 빨리 끝마쳐 놓아야 직성이 풀립니다"
2. 방심은 금물 – '면접관은 면접관이다'
3. 스프링처럼 튀어 오르지 말고 한 템포 쉬어라
4. 차원 높은 질문을 하라
   - '휴가는 언제입니까?' ×
   - '주5일제를 시행하고 있습니까?' ×
   - 같은 OO부서라도 각 병원마다 다르기 마련인데, 제가 입사한다면 어떤 일들을 하게 되는 것입니까? ○
5. 압박질문은 위트로 비틀어 답하라
   - "결혼 후 일을 계속할 수 있습니까?"
   아직 미혼입니다만, 결혼 후에도 일을 계속할 생각을 가지고 있고, 인륜지대사를 치르고 나면 더 노련하게 일을 처리할 수 있으리라 생각합니다. 대한민국 아줌마 얼마나 용감합니까?
6. 확신을 심어주는 말투, 열정을 드러내는 제스처
7. 시선 맞추기 (eye contact)
   - 눈싸움을 하려는 태도는 지양
   - 불안하고 위태로운 시선 맞춤은 결단력이 부족한 사람으로 인식
   - 부담스러울 경우에는 '인중'을 보며 답변
8. 객관적인 자료를 제시
   - 정확한 수치의 제시는 논리성과 함께 신뢰성을 준다.

■ **면접에서의 기본 준수사항**

- 인사는 항상 밝고 힘차게 해야 한다.
- 허리로 인사하는 법을 익히기 위해서 면접용 인사를 연습해야 한다.
- 밝은 표정 연습을 위해서 얼굴의 모든 근육을 이용한 표정 연습을 해야 한다.
- 자리에 앉으라는 지시가 있기 전까지 미리 의자에 앉아서는 안된다.

■ **면접에서의 오답**

- 묻는 말에만 '예', '아니오'로 대답하는 경우
- 면접시간에 늦어서 땀을 흘리면서 들어오거나 복장과 외모가 흐트러진 경우
- 질문에 신경질적이거나 공격적으로 대응하는 경우
- 전혀 웃음이 없이 무미건조하거나 불성실한 이미지를 주는 경우
- 질문의 의도를 파악하지 못하고 동문서답하는 경우

■ **면접 10계명**

1. 지각은 절대 금물
2. 대기실 행동 철저
3. 뻔한 질문은 창의적 답변을 준비하라.
4. 말할 때 눈을 피하지 않는다.
5. 지나치게 긴장하지 않는다.
6. 구체적이고 성실하게 답변한다.
7. 회사에 대한 준비는 철저하게
8. 진부한 답변은 반드시 피하라.
9. 질문할 기회가 주어지만 반드시 질문하라.
10. 머리를 긁거나 다리를 떠는 행위는 절대 피하라.

3) 실제 면접의 답변법

면접시 질문내용은 보통 지원동기, 자기PR, 학교생활, 직무능력, 시사상식과 그 밖의 황당질문으로 나눠진다. 면접질문 기본유형은 정답이 뻔히 보이는 질문, 깊이 파고 드는 질문이 있는데, 정답이 뻔히 보이는 질문은, 결론은 같되 표현법에 자신만의 차별성을 피력할 수 있는 답변이 좋고 다음과 같은 주의사항을 기억하고 있는 것이 도움이 될 것이다.

(1) 0.1점에 결정된다

솔직하게 말하되, 질문과 관련된 정보와 자기 생각을 언급하여 분야에 대한 관심과 지식의 연계성을 보인다. 솔직하게 말하되, 재치 있는 답변을 자신감 있게 하여 면접관을 웃긴다.

(2) 면접시험이라는 것은 없다

얼굴로 커뮤니케이션하지 말고, 나의 능력으로 커뮤니케이션 하라. 지루한 설교를 하지 말고 생기있는 설득의 커뮤니케이션을 하라.

(3) 나를 채용해야 하는 이유 세 가지를 준비하라

· 자기분석문제 - 자신의 강점을 알고 있는가

· 목표의식과 직업관의 문제 - 나는 샐러리맨? 비즈니스맨?

· 열정 또는 정보력 문제 - 회사의 약점과 회사의 방향성을 이해하고 있는가

· 이 때 내가 하고 싶은 말을 하지 말고, 상대가 듣고 싶은 말을 하는 것이 중요하다.

(4) 면접시 답변요령의 기본

· 자신감이 느껴지는 언어를 사용하자

- ~일 것입니다 *VS* ~입니다
- ~하도록 노력해 보겠습니다 *VS* ~하겠습니다

· 긍정적인 말을 사용하자

- ~신입으로서 아는 것이 없지만 *VS* 신입이기에 ~강점이 있습니다.
- ~아직은 능력발휘를 못하겠지만 *VS* 지금이라도 ~에 기여를 할 수 있습니다.

· 쉬운말을 사용하자

- 리더십, 창의적, 전략적, 성실함 등의 단어는 쓰지말자
- 구체적인 상황의 묘사를 통하여 자연스럽게 느껴지도록 답변하자.

· 질문의도를 파악하고 답변하자

- 각 질문에 대해 왜 이런 질문을 하는가에 대해 생각해보고 답변하자
- 잘못 들었을 때에는 반드시 다시 한 번 질문한다.

· 쓸데 없는 말은 삼가자

- 이력서에도 적혀 있지만…, 아까도 말씀드렸지만…
- ~하게 생각하실지 모르겠지만…, 사소하지만…

· 예, 아닙니다. 이상입니다. 다시 한 번 말씀해 주시겠습니까?

· 경어 및 존중어를 정확히 사용하자

- 선배님 → 선배, 동아리
  회장님 → 동아리 회장
  저희나라 → 우리나라

(5) 면접용 자기소개 만드는 법

다양한 면접 질문에 대비해 자기 소개를 할 수 있는 패턴을 만들어 두는 것이 중요하다.

· 삶의 경험, 인생관 사고방식 등을 소개할 것

- 회사에서 지향하는 인재상 파악

  경험과 에피소드를 통하여 인재상과 부합되도록 자기소개

- 다른 지원자와 차별화 된 강점을 피력

  업무능력, 대인관계 등을 부각시켜야 한다.

· 전문성 있는 경험을 피력할 것

- 대학시절 청소년 상담봉사를 통해 상담능력이 좋다는 평가를 받았다
- OO회사가 주체하는 컨벤션 기획서부분 대상을 2년 연속 수상하여 기획능력이 좋다는 평가를 받았다.

· 구체적으로 설명하고 수치화 하여 설명할 것

예) 저는 대학교 연극동아리 회장을 맡으면서 1회당 평균 50명이었던 관객수를 1회당 80명 선으로 올려 연극동아리 팀원들에게 활력을 불어 넣었습니다. 또한 15명으로 시작한 팀원이 우리의 공연 이후 몰려드는 지원자로 인해 총 인원이 30명까지 증가하게 되었습니다. 이로 인해 연 2회 진행으로 끝났던 연극을 연 3회로 횟수를 증가 시킬 수 있었습니다.

저는 동아리 회장을 통해 진정한 리더십은 상대에게 강요가 아닌 스스로 하게 함으로써 팀워크로 이어지게 하는 것임을 깨달았고 이는 엄청난 시너지 효과를 낳는다는 교훈을 얻었습니다.

· **자신만의 캐치프레이즈를 정한다.(한 문장)**

- 별명을 활용한 성실한 인재
- 회사 이미지를 활용한 준비된 인재
- 인생모토를 활용한 인성이 좋은 인재
- 지원하는 업무를 활용한 능력있는 인재

왜 캐치프레이즈와 같은 사람인지 설명한다(에피소드). 열정적이고 인상적인 마무리 한 문장이 중요하다.

· 면접용 자기소개 샘플 1 - 별명을 앞세운 자기소개

아무리 가파른 언덕이 있어도 세찬 비바람에도 반드시 목적지에 가고야 마는 '전차' 라는 별명을 가진 남자 OOO입니다.

제가 대학 1학년 학생기자 시절에 대학 총장님께 인터뷰 요청을 해서 다섯 번 거절당한 적이 있습니다. 그러나 한 달 여간의 끈질긴 전화, 편지, 방문을 통해 인터뷰를 성사시키려고 노력했으며, 이러한 노력에도 거절하여 심한 좌절감을 경험했습니다. 그러나 '반드시 해낸다' 하는 특유의 오기와 과감함으로 끝내 밤 12시에 총장님 댁을 직접 찾아가 허락을 얻어낸 적이 있습니다.

그렇습니다. 저는 어떠한 조건에서도 '하면 된다'라는 적극적이고 긍정적 사고로 매사에 노력하며, 난관을 극복하는 돌파력을 많은 경험을 통해 얻었습니다. 이제는 저의 이러한 재능을 사회에 나가 마음껏 펼쳐 보이고 싶습니다. 그리고 자기계발의 장이 귀사이기에 이 자리에 섰습니다. 감사합니다.

· 면접용 자기소개 샘플 2 - 인생 모토를 앞세운 자기소개

제게 맡겨진 일은 목숨을 아끼지 않고 있는 힘을 다하는 분골쇄신의 정신으로 살아 가고자 노력하는 OOO입니다.

대학 시절 야학 봉사 동아리 활동을 하였습니다. 당시 50세 나이에도 불구하고 검정고시를 준비하는 한 아주머니를 돕기 위해 학과 연구프로젝트를 담당하면서, 동시에 아주머니 검정고시를 돕고자 밤을 새가며 예비 문제를 만들어 주어 합격의 기쁨을 같이 나누기도 하였습니다. 또 전공 실무를 쌓고자 동료 친구들이 꺼려하는 자동차부품 생산 업체에서 비지땀을 흘리며 생산직원들과 함께 일을 하였습니다.

이와 같은 삶의 자세 외에도 다양한 취미 활동을 통해서 정

서적으로 충전하고 있습니다. 제가 즐겨하는 취미활동은 매주 토요일에 참석하는 조기 축구입니다. 그곳에서 저는 지단이란 평을 받곤 합니다.

(6) 이력서에 대한 질문 예측하기

이력서 파트별 예상질문을 미리 만들어 두면 실제 면접시 대단히 도움을 받게 된다.

가. 인적사항 / 지원사항 관련

정확하게 하고 싶은 일이 무엇입니까?

근무지가 연고지와 멀다면?

희망연봉은 어떻게 되십니까?

나. 학력사항

학점이 왜 이래요?

편입하셨네요? 고등학교 때 공부를 안하셨나 봅니다.

전공과 다른 일을 원하시는 데, 왜 이 일을 희망하나요?

동아리 경험에 대해서 이야기 해 주세요?

대학원은 왜 가셨나요?

공백기간이 있네요. 이 기간에 무엇을 하셨나요?

다. 외국어/자격/면허

영어회화실력은 어느 정도 되시나요?

토익 점수가 왜 이래요?

영어로 ~~~~ 한 번 해보세요.

컴퓨터는 어느 정도 다루시나요?

왜 자격증이 없나요?

왜 이 자격증을 취득하셨나요?

희망직무와 이 자격증이 무슨 상관이 있나요?

라. 가족사항

아버지가 관련된 일을 하시는군요?

(7) 면접에서 가장 많이 나오는 질문은?

순위	질문 유형	질문 사례
1 위	자기 소개	자기소개 해 보라. 가장 잘하는 것이 무엇인가? 우리가 왜 당신을 뽑아야 하는가? 등

순위	질문 유형	질문 사례
2 위	직무 / 능력	지원분야에 대한 실질적인 이해 정도는? 컴퓨터 활용 정도는? ~~ 업무에 대해서 아는 대로 이야기 해 보라
3 위	경력 / 경험	아르바이트를 통해 무엇을 배웠나? 가장 기억에 남는 경험과 그 이유는? 어학연수를 통해서 느낀 점은?
4 위	전공 / 지식	전공에 관한 기초점검
5 위	지원 동기	왜 이 일을 하고자 하는가? 이 일이 자신과 맞을 것이라고 생각하는가? 왜 우리 회사를 선택했는가?

결론 지금부터 이것을 준비하자

· 5대 질문사항에 대한 답변을 준비한다.

· 자신의 이력서를 철저히 분석하자.

· 모의 면접의 경험을 반드시 가진다.

· 지원하는 회사의 직원처럼 행동하라.

· 전공이론지식을 말로 설명해 본다.

· 자신만의 강력한 개인기를 계발하라.

· 반드시 이야기해야할 에피소드를 준비하자.

· 업무, 인성에 적합한 강점을 준비하자.

· 구체적인 성공경험을 준비하자.

· 실패경험과 그 경험이 도움이 되는 이유를 준비하자.

· 희망직무에 대한 향후 15년 후까지의 계획을 준비하자.

6. 면접 질문에 대한 FAQ - 부담스런 질문 콕! 콕! 찍어 화끈하게 답하기

면접 질문이 도대체 어떤 것이 나올지 너무도 궁금한 것이 당연하다. 그러나 솔직히 뭐가 나올지 예상하기 정말 어렵다. 서류전형 후 '필수 코스'로 기다리고 있는 면접. 수많은 면접 도서를 읽고 인사담당자들이 기본 코스로 물어본다는 질문의 답변도 달달 외워 보지만 면접은 역시 어려운 자리다. 신경을 긁는 스트레스형 질문, 허무맹랑한 아리송형 질문, 교과서적인 모범답안형 질문에도 능청스럽게 의연하게 재치있게 대처할 수 있는 '족집게' 대응책을 마련하자. 그러나 족집게 질문 포인트가 본의 아니게 뻔한 앵무새 답변을 유도할는지 모른다. 따라서 면접자는 자기만의 컬러를 가진 답변을 준비해야 한다.

'인재 골라내기가 장기'인 인사담당자의 교묘한 질문 의도를 잘 파악한 후 간담을 서늘하게 할, 또는 자신만의 참신한 의견을 내놓아야 한다.

Q1. 우리 회사에 지원하게 된 동기는?

포인트 : 지원하는 회사에 대한 지원동기를 명확하게 준비하는 것은 면접을 보는 기본 자세다. 지원한 기업의 특성을 알고 거기에 잘 맞아 떨어지는 지원동기를 준비해 두는 것이 우선 되어야 한다.

Q2. 다른 회사에도 지원했나?

포인트 : 솔직하게 이야기한다. 하지만 이 회사에 합격된다면 다른 회사는 생각하고 있지 않다는 식의 애교를 덧붙이면 어떨까. 면접관들도 모두 인간이기에 사소한 것에서 점수를 깎일 필요는 없다.

Q3. (동종업계의 다른 회사도 있는데 굳이) 우리 회사만을 지원하게 된 이유는?

포인트 : 지원한 회사와 경쟁사들을 비교해 두는 준비가 필요한 항목이다. 경쟁사와의 비교를 통해 지원한 회사의 비전을 제시하면 면접관들을 감동시킬 수 있지 않을까.

Q4. 우리 회사의 제품(업무내용)에 대해 알고 있는가?

포인트 : 지원하는 회사가 제조업이라면 그 회사 제품에 대한 사전 공부가 필요하다. 제품의 종류와 그 특성 정도는 알고 간다. 예를 들어 크라운 제과에 면접을 본다고 하자. 어렸을 때부터 즐겨 먹었다며 크라운 제과의 제품들을 줄줄이 나열하는 것도 방법이다.

Q5. 자기 PR을 (5분 동안) 해보시오.

포인트 : 자기소개 시간은 자랑만을 하라고 주어진 시간이 아니다. 지원자 자신의 능력을 보여주고 비전을 제시해야 하는 시간이다. 솔직하고 적극적인 자세로 면접관의 뇌리에 지원자 자신을 확실히 인식시킬 수 있는 묘수를 찾아야 한다. 단점까지도 장점화하는 과감한 배짱이 필요하다. 이를 위해서는 철저한 자기분석이 선행되어야 한다. 면접 전에 3~5분 정도 거울 앞에서 자기 PR하는 연습을 여러 번 해보고 면접에 임하는 것도 좋은 방법이다.

Q6. 상사와 업무상 견해가 틀린 경우 어떻게 해결하겠는가?

포인트 : 회사는 '이윤추구' 라는 구성원 공동의 목표를 이루기 위해 움직이는 이익집단이다. 그 구성원들 사이에는 의사소통이 원활하게 이뤄져야 함은 물론 함께 일하는 공동체 정신과 협동정신이 요구된다. 조직 구성원과 융화되지 못하고 자기 고집대로만 밀고 나가는 사람을 기업에서는 기피할 수밖에 없다. 그리고 아직 한국 기업은 상사를 존중하고 자기 의견을 우회적으로 관철시킬 수 있는 겸손한 자세의 부하직원을 원한다. 너무 뚜렷하게 자기주장을 펴는 것 보다는 협동정신을 발휘해 잘 해결해 보겠다는 답변이 더 나은 점수를 얻을 수 있을 것이다.

Q7. 상사가(내 생각에는)옳지 못한 일을 시킨다. 시키는 대로 하

겠는가 아니면 거부하겠는가?

포인트 : 최근 기업들은 사원들에게 전천후 인간형이 되기를 바란다. 독특하고 창조적인 사고를 갖출 것을 원하는 한편 조직에 잘 융화되기를 원한다. 기업도 결국은 인간들이 영위하는 것이므로 인간관계가 서툴면 일이 제대로 되지 않는다. 따라서 너무 튀는 답변은 오히려 마이너스 요인이 될 가능성도 있다. 하지만 너무 소극적인 답변도 금물이다.

Q8. 업무에 있어서 과정과 결과 중 어느 쪽이 더 중요한가?

포인트 : 물론 둘 다 중요하다. 과정 없는 결과가 있을 수 없으며 결과가 뚜렷하지 않은 과정은 빛이 나지 않는 법이다. 물론 소신에 따라 답하는 것이 중요하겠지만 한쪽에 치우친 답변은 바람직하지 않다. 팀원간 협동을 통한 최선의 과정을 통해 최상의 결과를 꼭 얻어내는 것이 기업 입장에서 가장 바라는 바일 것이다.

Q9. 퇴근시간 이후에도 상사가 퇴근하지 않으면 부하 직원들이 그대로 자리를 지키는 경우가 많은데, 어떻게 생각하나?

포인트 : 면접관은 때로는 엉뚱하거나 난처한 질문을 던짐으로써 돌발 상황에 처했을 때 지원자의 위기 타개 능력을 알아보려 한다. 이때는 질문 요지를 재빠르게 판단한 후 자기 입장을 정리, 소신있게 이야기하는 게 바람직하다. 정리하면, 답변 내용에 정답과 오답

이 있는 것이 아니라 어려운 질문에도 당황하지 않고 자신의 소견을 명확하게 말할 수 있는 자세를 보는 경우가 더 많다.

Q10. 면접보는 회사에 관해 입수해야 할 필수 정보는 무엇일까?

포인트 : 지원한 회사의 면접날짜가 정해지면 수험자는 면접시험을 대비해 면밀한 계획을 세우고 그 정보를 입수하는 것이 무엇보다 중요하다. 기업에 대한 필수적인 정보 점검사항은 회사의 연혁, 회장 또는 사장(대표이사) 이름, 출신학교와 전공과목, 회사 사훈이나 경영이념, 인간상, 업종이나 대표 상품, 업종별 계열회사의 수 및 관련회사, 자신이 생각하는 회사의 장단점, 회사의 잠재적 능력 개발에 대한 제언 등이다.

Q11. 원하는 연봉 수준은 얼마인가?

포인트 : 회사 내규에 따르거나 지원하는 회사의 신입 연봉 수준을 파악해 두고 거기에서 크게 벗어나지 않는 선에서 제시하는 것이 좋을 듯하다.

Q12. 어느 부서에서 일하고 싶은가? 그 이유는?

포인트 : 면접을 보기 전 지원회사에 대한 정보를 파악하는 것은 필수 사항이다. 자신이 원하는 부서를 명확히 하고 자신의 전공이나 그동안 해왔던 취업 준비를 근무하기 원하는 부서의 업무와 잘

조화시켜 적극적으로 답변하는 것이 중요하다.

Q13. 바람직한 근무태도는 어떠해야한다고 생각하는가?

포인트 : 창의력과 모험정신으로 똘똘 뭉쳤다 하더라도 맡은 바 일을 깔끔하게 처리하지 못하는 사람은 어느 곳에서도 환영받지 못한다. 면접관으로 하여금 무슨 일을 시켜도 확실하게 마무리할 수 있는 사람이라는 확신을 심어줘라.

Q14. 특기가 무엇인가?

포인트 : 자신이 내세울 수 있는 특기를 명확하게 얘기한다. '겸손'과 '무능'은 엄연히 다르다. 능력은 있지만 이를 떠벌리지 않는 것이 겸손이요, 별 볼일 없는 능력조차도 제대로 나타내지 못하는 게 무능이다. 면접장에서 자기 비하가 지나치면 무능해 보일 수 있으므로 주의하자.

Q15. 인생의 꿈과 목표에 대해 말해 보시오.

포인트 : 업무에 대한 포부와 꿈을 지원 동기와 연관지어 말하는 것이 좋다. 업무와 관계없는 포부와 꿈은 개성을 강조하기 쉬운 반면 회사와 면접관의 성격에 따라서는 다르게 받아들여질 수 있다. "이 사람이라면 할 수 있을지도 몰라"라는 기대감과 가능성을 전달하도록 노력한다.

Q16. 지금까지 살아오면서 가장 어려웠던 일과 즐거웠던 일은 무엇인가?

포인트 : 한두 가지 쯤은 마음속에 새겨 놓고 있는 것이 좋다. 이는 인성의 단단함 정도를 파악해 보려는 질문일 수도 있기 때문이다. 누구나 살면서 어려웠거나 즐거웠던 일들은 가지고 있다. 이런 질문을 받았을 때 그런 일들 하나쯤은 바로 얘기할 수 있는 태도를 보이는 것이 중요하겠다.

Q17. 지난 주 일요일에 무엇을 하며 시간을 보냈나?

포인트 : 기업은 에너지 넘치는 활동적인 인재를 원한다. 주말에도 여러 가지 여가활동을 즐기는 사람이 회사에 돌아와서도 업무에 집중할 수 있다고 생각하기 때문이다. 물론 집에서 쉬는 것도 좋지만 일요일을 집에서 그냥 빈둥거렸다는 답보다는 여러 가지 여가활동으로 알차게 보냈다는 쪽이 더 후한 점수를 얻지 않을까.

Q18. 대학시절 학업 외에 가장 즐겨 했던 것은 무엇인가?

포인트 : 학창시절 성적의 좋고 나쁨에 대해 기죽을 필요 없다. 거기에 대한 만회의 기회를 가질 수 있는 것이 질문의 의도다. 동아리 활동이나 사회봉사 활동을 하지 않았더라도 크게 위축하지 말고 동아리 활동 대신 자신이 택한 다른 항목을 만들어내자. "이러이러한 일에 시간과 노력을 투자했다"라는 확실한 자신만의 항목을 준

비해 두는 것이 중요하다. 거기에서 얻은 소중한 경험들에 대해 간결하게 요약하는 준비도 빠뜨리지 않는다.

Q19. 전혀 경험 없는 일을 맡게 된다면 어떻게 하겠는가?

포인트 : 면접장에서 면접관의 눈치를 보는 것은 당연하나 본인 소신은 하나도 없이 소극적인 대답만 일관하는 사람들이 있다. 또한 처음부터 자신이 없어 보이거나 작은 소리로 우물거리는 사람은 결단력이 부족해 보인다. 면접관들은 무엇을 하든 자신감을 가지고 도전하는 자세와 용기를 높이 평가한다. 해보지 않은 일이라도 최선을 다해 보겠다고 밀어붙여라.

Q20. 오늘 조간신문의 톱 기사는 무엇이었나?

포인트 : 면접에서는 각 분야에 걸친 시사상식을 자주 묻는다. 그러므로 최근 중요한 사건이나 행사 등에 대해 미리 숙지해 둘 필요가 있다. 면접시험에서는 깊은 지식보다는 폭넓은 지식을 요구한다. 따라서 사회전반에 걸쳐 다양한 상식을 갖추어 만족할 만한 답을 할 수 있도록 한다. 그런 의미에서 면접 당일 신문을 읽고 임하는 것은 필수다.

Q21. 어떤 자격증을 가지고 있는가?

포인트 : 입사 후에 필요한 자격은 면접 때 '차별화' 의 요소는 될

지언정 그것 자체가 '평가'의 대상이 되지는 않는다. 지망업무와 관계없는 자격일 경우, 면접관에게 오해받지 않도록 '의외성'으로 솜씨 좋게 화제를 넓히고, 복수 자격을 가지고 있다면 공부한 이유를 설명한다. 하지만 IT나 금융 업종에 지원한 경우 업무관련 자격증은 적극적으로 알리는 것이 좋다.

Q22. 학창시절은 어떻게 보냈나?

포인트 : 학창시절 학점이 좋았다든가 장학금을 탔다든가 하는 것이 자랑거리가 되는 것은 사실이다. 이에 그치지 않고 이를 미래의 자기 발전에 어떻게 유익하게 활용할 것인지, 그 구체적인 방법을 제시한다면 더욱 좋겠다. 아르바이트를 했다면 아르바이트 실적이나 가지 수를 자랑하는 것은 별로 도움이 안된다. 아르바이트도 창의적인 노력이나 성과, 시야의 확대를 어필하고 여러 아르바이트는 하나로 압축하는 것이 좋다.

Q23. 최근 관심을 갖고 있는 해외 관련기사는 무엇이며 어떻게 생각하는가?

포인트 : 20번 문항과 비슷한 질문 사항이다. 면접 대비사항으로 최근 국내외 시사 상식에 관심을 가지고 준비해야 한다. 국내 문제만을 준비했다가 이런 경우 낭패를 볼 수도 있으니 최근 문제시 되고 있는 해외의 중요한 사건이나 행사 등에 대해서도 빠지지 않고

같이 준비해 두도록 하자.

Q24. 인생의 목표가 있다면 무엇인가?

포인트 : 누구나 자기 인생에 있어서 최종적인 목표는 있을 것이다. 논리정연 하지만 진실함을 전할 수 있는 솔직한 답변이 좋다. 지원한 회사에서의 최종목표를 말하는 것도 좋은 방법이다. 다음과 같은 답변이 한 예가 되겠다. "어렸을 때부터 귀사의 제품만을 사용한 탓인지 귀사가 낯설지 않습니다. 많은 기업이 있지만, 이런 기분이 드는 곳은 귀사뿐입니다. 최근 평생 직장은 없고, 평생 직업만 있다고 얘기하지만 저는 진심으로 귀사에 인생을 걸어 보고 싶습니다. 그리고 개인적으로는 지금까지 고생하신 부모님을 위해서 집안을 일으키고 싶습니다. 후회 없는 정년을, 귀사에서 맞는 것이 가장 큰 꿈입니다."

Q25. 서울에 바퀴벌레가 모두 몇 마리일까?(롯데백화점) / 맨홀 뚜껑은 왜 둥글까?(두산그룹) / 핑클과 베이비복스 중에 어느 쪽이 더 좋은가?(삼성물산) / 통일이후 북한에서 가장 번성하리라 예상되는 사업 한 가지는?(교보생명) / 서울 시내에 있는 중국집 전체의 하루 판매량을 논리적 근거로 계산하면?(효성) / 사막이나 극지방을 여행하는데 필요한 3가지는?(동부제강)

포인트 : 창의력은 여전히 최고의 가치로 인정받는 평가 항목이

다. 남들이 하는 대로 따라만 하는 답습형 인간은 어느 기업에서도 환영받지 못한다. 창의력 넘치는 톡톡 튀는 답변으로 면접관들을 감동시켜 보자.

Q26. 최근에 읽은 책이 있다면, 내용과 느낀 소감을 말해 보라.

포인트 : 최근 베스트셀러가 되고 있는 서적 하나쯤은 읽고 느낀 바에 대한 정리를 해놓자. 자기관리나 세계적인 CEO들의 경영지침서 등이면 더욱 좋겠다. 무슨 질문이든지 면접관 질문이 끝나면 순간이나마 여유를 가지고 생각을 정리한 후에 또박또박 명료한 어조로 대답한다. 이를 위해서는 자신의 이야기를 논리정연하고도 설득력 있게 제시할 수 있어야 한다. 말하고자 하는 바가 명확하게 전달될 수 있도록 간결하게 얘기를 이끌어가야 한다. 이와 함께 자신감을 가지고 당당하게 얘기하는 자세와 솔직함도 중요하다. 단, 오버는 금물.

Q27. 입사 후 6개월간 배치된 부서업무와는 관계없이 세일즈나 생산직에 근무를 명받는다면 어떻게 하겠는가?

포인트 : 참 난처한 질문 사항이다. 하지만 있을법한 질문사항이니 미리 예견해서 답을 준비해 보는 것이 좋겠다. 회사란 개인에게 있어 가정과 마찬가지인 생활의 터전이다. 따라서 누구에게나 그 선택권이 있는 것이다. 따라서 세일즈나 생산직은 절대 하지 않겠

다는 생각을 가지고 있을 수도 있다. 자신의 의견을 차분하고 소신 있게 말하는 것도 좋은 방법이다. 어쨌든 면접은 실제 상황이 아니라 그럴 가능성에 대해 지원자의 반응을 살펴보는 것이니 미리부터 딱 잘라 말할 필요는 없다. 이 회사에 뿌리를 박는다고 생각한 이상 어떤 일도 마다하지 않겠다고 밀어붙이는 것도 괜찮은 방법이다.

Q28. 친구들이나 주변 사람들이 자신을 어떻게 평가하는가?

포인트 : 성격의 장단점을 물어보는 질문과 유사하다. 다른 사람의 평가는 반드시 실례를 들어서 이야기하고, 이를 참고로 한 자기 분석을 잊지 않도록 한다. 별칭을 비롯한 언뜻 마이너스로 생각되는 평가 등도 좋은 소재가 될 수 있다. 집단에서 자신의 위치를 이끌어낸다. 또한 분명한 결점도 자기 PR에 쓸 수 있다. 우선 과거에 결점이었던 부분을 극복하고, 전화위복의 계기로 삼은 과정 및 분명히 현재 자신의 결점이라고 해도 그것을 극복하기 위한 구체적인 전망, 강한 의지를 담아 업무와 연관지어 어필하는 방법도 있다.

Q29. 회사 선택시 중요하게 생각하는 것은 무엇인가?

포인트 : 여러 가지가 있을 수 있다. 업종에 대한 앞으로의 발전 가능성, 동종업계와 비교해 높은 급여수준, 사원 복지혜택, 개인 능력개발의 가능성 등 지원한 회사가 다른 회사에 비해 월등한 부분이 하나는 있을 것이다. 그런 부분을 부각시켜 답변하면 된다. 덧붙

여 대학시절부터 입사를 원했던 회사라든지 개인적인 지원 이유를 함께 말하면 좋은 답변이 될 것이다.

Q30. 컴퓨터 활용도와 외국어 능력은?

포인트 : 자기 PR을 영어로 해보라든가 앞에 제시한 문항들을 영어로 말해보라는 질문이 있을 수 있다. 영어실력이 우수하다 하더라도 갑자기 이런 질문을 영어로 말한다면 당황할 수 있으므로 보통 면접에 잘 나오는 공통 질문 사항들을 영어로 말하는 연습을 미리 해두는 것이 좋다. 발음에 너무 치중하지 말고 면접관들이 잘 알아들을 수 있도록 또박또박 정확하게 말하는 연습을 해 두도록 하자. 컴퓨터 활용도도 자신이 할 수 있는 정도를 자신있게 답변한다.

 참고자료 1

업종별 면접 예상 질문

금융계 (증권사 포함)

1. 금융권의 기능과 당위성에 대해 이야기 해보시오.
2. 신용불량자에 대한 의견과 구제 방안에 대해 말해보라.
3. 최근 활발히 벌어지는 은행간M&A에 대한 당신의 시각은 무엇인가?

4. 금융선진국의 은행과 비교해서 국내 은행들이 뒤떨어져 있는 부분에 대해 이야기하시오.
5. 증권회사의 업무 내용이 무엇인지 알고 있는가?
6. 어제 종합지수가 몇이었나? 종가 기준으로 대답해보라.
7. 평소 증권 쪽에 관심이 있었는가? 앞으로 이 업계 전망에 대해 말해 보시오.

제조업

1. 장기적으로 볼 때 가격의 결정 요인이 되는 것은 무엇이라고 생각하나?
2. 제조업 경영에 있어서 가장 어려운 점들, 세 가지만 이야기해 보시오.
3. 지원회사의 경쟁사는 어떻게 보는가.
4. 격주 휴무 토요일이나 법정 공휴일에도 출근을 강요받는다면 어떻게 하겠는가?
5. 전혀 새로운 거래선 발굴을 위한 아이디어를 두 가지 내보시오.

건설업

1. 현 우리나라의 경제를 어떻게 보는가?
2. 종합건설업이란 무엇인가?
3. 건폐율이란 무엇인가?

반도체와 IT계열

1. 당신이 소지한 자격증은 무엇이며 왜 땄는가?
2. Unix와 Linux의 차이점은 무엇인가?
3. 반도체가 무엇이라 생각하나?
4. 디지털과 아날로그의 차이점은 무엇인가?
5. 디지털 시대의 5가지 특성에 대해 말해보시오.
6. ISO9002와 ISO9001의 차이점에 대해 논하시오.
7. Stock Option에 대한 당신의 생각은 무엇인가?
8. 인터넷에 대해 아는 대로 설명해 보십시오.

공기업

1. 공기업의 파업과 구조조정에 대해서는 어떻게 생각하는가?
2. IT, BT, NT, ET 란 무엇인가?
3. 평소 공직자의 자세에 대해 생각한 바를 말해 보시오.

그룹사

1. 지원한 그룹의 계열사를 아는 대로 말하라.
2. 입사 후 당신에게 지방근무를 명한다면 어떻게 하겠는가?
3. 다국적 기업이란 무엇인가?
4. 대기업들의 병폐와 개선 방향을 제시해 보라.

참고자료 2

면접관의 10초를 잡아라 – 매력만점 이력서

이력서 한 장이 인사담당자의 손 안에 머무는 시간은 대략 10초 안팎. 지원자의 당락이 결정되는 그 찰나, 대부분 인사담당자들은 '이력서의 액면가'를 무시할 수 없다고 말한다. 즉 학벌, 전공, 어학능력, 대학학점으로 1차 합격자를 걸러낸다는 것. 하지만 간혹 '액면가'는 다소 밀리지만 '백지수표'로 걸리는 지원자들도 더러 있다. 10초만에 면접관의 마음을 사로잡은 이들의 매력만점 이력서 유형을 살펴본다.

1) '땀냄새형' 이력서

담당 업무를 수행할 무기가 되는 다양한 자격증을 제시해본다. IT 업종 자격증이 없다면 어느 학원에서 몇 개월 과정으로 무엇을 학습했다는 '발품 기록'도 훌륭한 경력이 될 수 있다. 또 각종 행사의 아르바이트나 봉사활동 경험으로도 땀내가 솔솔 나게 할 수 있다.

2) '핵심능력형' 이력서

기업은 팔방미인이 아닌 전문가를, 로컬이 아닌 글로벌 인재로 채용 패턴이 바뀌고 있다. 자신이 보유한 능력을 아낌없이 보여준다. 전문 기술을 한껏 부각시키고, 어학실력 등도 낱낱이 적는다. 덧붙여 "이것만은 해낼 수 있다"는 자신감을 당당히 보여준다.

3) '정성가득형' 이력서

더 이상 보여 줄게 없다고 실망하는 지원자라면 '정성'을 보여준다. 중요사항을 형광펜으로 부각시키거나 워드 작성시 컬러 밑줄을 긋는 것도 요령이다. 또 3.5cm×4.5cm 규격 사이즈 사진이 아닌 파격적인 전신사진을 넣어보는 것은 어떨까. 자신의 기술력을 입증하기 위한 포트폴리오 첨부도 훌륭하다.

참고자료 3

면접절차에 따른 마인드 컨트롤

입사 전형은 크게 서류전형과 면접으로 이뤄진다. 지원자의 80% 정도는 서류에서 탈락하고, 20% 정도가 면접 기회를 잡는다. 명심할 것은 이런 기회도 낚싯대를 던져놓고 항상 준비하고 있는 사람만이 고기를 잡을 수 있다는 것이다. 20% 기회를 100% 입사 가능성으로 만들기 위한 면접 마인드 컨트롤을 면접 절차를 통해 점검해 보자.

1) 관상(인상)

면접관은 가장 먼저 얼굴 전체에서 받은 느낌을 종합해 인상을 판단한다. 과학적으로 시선은 눈 → 입 → 아래턱 순으로 이동한다. 눈이 흐리거나 입에 긴장미가 없으면 의지가 약하다는 선입견을 줄 수 있다. '아에이오우' 입동작을 연습하면 밝은 인상을 줄 수 있다.

2) 걸음걸이와 앉은 자세

땅만 보고 걸으면 소심해 보이고, 건들건들하면 안정감이 결여돼 보인다. 마음이 넓고 안정적으로 보이려면 뒤꿈치를 땅에 닿게 걷고, 허리를 펴 힘차게 걷는다. 구부정하게 웅크려 앉는 자세는 신념없이 흔들리는 사람으로 비친다. 다리를 꼬고 앉아 발을 까딱이는 것도 금물. 의자 등받이에서 앞으로 나와 앉으면 의외로 적극적인 성격으로 변한다.

3) 말

말이 빠르면 성급하고 생각이 좁다는 인상을 준다. 너무 느리고 더듬으면 쉽게 동요하는 성격으로 보인다. 일정한 흐름을 유지하면서 또박또박 말하려면 복식호흡법을 익혀둔다.

4) 버릇

면접관을 보지 못하고 얼굴을 옆으로 돌리거나 아래를 본다. 눈을 자주 깜빡이거나 감는다. 이는 자신감 결여와 거짓말 한다는 인상을 준다. 손을 털거나 흔드는 편이라면 이런 버릇을 대화에 힘을 실어주는 제스처로 바꿔본다.

5) 퇴장

두리번거리거나 다른 지원자와 웃거나 떠드는 모습은 가벼워 보이고 불안정해 보인다. 면접장을 나갈 때까지 긴장한다.

7. 프리젠테이션과 포트폴리오 활용법

프리젠테이션은 서류엔 없는 '숨은 잠재력'을 발산할 기회다.

현대 사회는 프리젠테이션 시대다. 직장에서는 대부분의 사업이 프리젠테이션을 시발점으로 공식화되기 시작한다. 바꿔 말하면 프리젠테이션은 하나의 필수적 통과점인 것이다. 여기에는 발표자와 관련 테마를 알리고, 무엇보다도 상대방을 설득한다는 전제가 깔려 있다. 그렇기 때문에 각 직장에서는 직원들의 프리젠테이션 능력을 중시하고 있다. 채용시 프리젠테이션을 실시하는 기업들이 하나, 둘씩 늘어나고 있는 것도 이런 배경 때문이다.

프리젠테이션 면접을 통해서 지원자의 창의성, 도전정신, 문제해결 능력, 위기관리 능력 등을 종합 평가하겠다는 것이다. 또 지원자에 대해서 짧은 시간 내 많은 것을 파악할 수 있다는 채용시스템의 합리성도 한몫하고 있다. 즉 미리 지원자의 능력을 파악해두면 입사 후 교육시키는 기간도 최소화할 수 있기 때문이다.

삼성은 1차 면접에서 프리젠테이션 및 집단토론을 실시해 문제해결 능력을 파악하는데 주력했다. 삼성물산은 프리젠테이션을 영어로 진행했다. 가상의 사업기회를 주고 이에 대한 분석과 사업전략 등을 면접자가 영어로 프리젠테이션 하도록 한 것. 포스코도 면접에서 프리젠테이션 기법으로 직원을 채용했다. 이러한 경향은 중견, 중소기업에도 점차 도입이 확산될 전망이다.

1) 프리젠테이션 준비과정 통한 '자기계발'

구직자 입장에서도 프리젠테이션을 준비하는 과정을 통해 자연스럽게 취업에 필요한 자기계발 기회로 활용할 수 있다. 프리젠테이션은 자기어필의 최고 수단이다.

서류상 부족함이나 학력, 경력상 불리함도 일거에 뒤집을 수 있는 귀중한 시간이자 공간인 셈. 따라서 구직자들은 평소 일정 주제를 잡고 토론을 함으로써 발표력, 논리력을 키워야 한다. 즉 토론문화에 익숙해질 필요가 있다는 것이다. 이를 통해 면접에 나올 수 있는 다양한 주제와 질문으로 프리젠테이션을 준비할 수도 있고, 포트폴리오를 활용해 프리젠테이션 발표 자료로 미리 준비해둘 수도 있다. 채용 면접관은 다수 청중은 아니다. 또한 반드시 발표장이 따로 있고 강단이 준비되어 있는 것만도 아닐 수 있다. 프리젠테이션이라는 명칭을 사용하지 않을 수도 있다. 다시 말해서 청중이 한 사람일 수도 있고 대담 형식의 프리젠테이션이 이뤄질 수도 있다.

언제라도 발표해야 할 상황이 주어지면 방심하지 말고 프리젠테이션 마인드를 상기시켜 당당하게 실행해야 할 것이다. 단 프리젠테이션은 단기간에 준비해 좋은 결과를 낼 수 있는 성질의 것이 아니다. 꾸준한 평상시의 준비과정을 거쳐 산출되는 노력의 결과물이다. 프리젠테이션 마인드가 몸에 배어야 한다는 것이다. 특히 취업을 위한 프리젠테이션은 직장인으로서의 자격을 얻느냐 놓치느냐하는 중요한 의미를 갖는다는 사실을 명심해야 한다.

2) 프리젠테이션 자료 작성하기

(1) 발표용 툴 : 최근에는 주로 파워포인트를 사용한다. 파워포인트는 액정 프로젝트에 연결시켜서 다수의 사람이 볼 수도 있다. 기획서 작성은 물론 각종 발표용 자료 만들기에는 아주 요긴한 툴이다. 실제로 직장 생활에서도 거의 필수적으로 활용되는 툴이므로 학생 시절에 사용 스킬을 연마해두는 것이 좋다.

(2) 표지 : 발표용 자료에는 반드시 표지가 들어가야 한다. 표지에는 연구제목, 발표자명, 발표자 소속 등을 명기해 준다. 이 부분은 발표 시 청중(혹은 면접관)에게 인상적으로 인사할 수 있는 계기를 마련해준다.

한편으론 청중을 발표에 끌어들이는 흡인력을 줄 수 있다. 이런 의미에서 표지는 내용은 물론 그래픽적인 요소 등도 신경 써서 작성해야 한다.

(3) 구성 : 발표용 자료의 전체적 구성은 기본적으로 발표할 테마의 흐름에 따른다. 예를 들면 1) 연구배경 2) 연구 목적 3) 제안 수법 4) 사례 5) 총괄 6) 앞으로 과제 등 순으로 진행한다. 청중의 이

해를 돕기 위해 시작 단계에서 발표 순서를 말해주는 것도 좋다.

(4) 페이지 타이틀 : 각 페이지에는 그 페이지 내용을 한마디로 요약한 타이틀이 필요하다.

(5) 문자 크기 : 문자는 크게 한다. 내용은 한 페이지에 10행 이내로 압축하는 것이 좋다. 또 문장 내용에 따라서 문자의 크기나 서체 및 컬러에 변화를 주어서 생동감을 주는 것도 좋다.

(6) 표현 방법 : 원고는 짧은 문장을 쓰며 항목별로 정리 방법을 쓴다. 그림이나 표를 활용하는 것이 좋다. 이는 청중이 지루해하지 않고 내용을 이해하는 것을 도울 수 있다.

발표자도 시각화, 수치화함으로써 내용을 쉽게 전달할 수 있고 청중에게 신뢰감을 줄 수 있다. 또 원고를 그대로 읽는 발표가 아닌, 자기 생각을 자기 대화법으로 전달할 수 있다는 메리트가 있다.

(7) 배색 : 배색은 파워 포인트를 활용한 프리젠테이션에 있어서 중요한 의미를 갖는다. 청중의 감성을 유도할 수 있기 때문이다. 기본은 밝은 배경에 문자는 어두운 색이나 그 반대로 배색하는 것이다. 그리고 발표 전체를 통해 통일감을 가질 수 있도록 같은 계열의 배색을 중심으로 컬러 톤을 적절하게 변화시켜가는 것이 좋다.

3) 프리젠테이션 발표하기

(1) 음성 : 목소리의 크기는 발표자의 자신감을 나타내준다. 일부러 긴장감을 감출 필요 없이 현장의 긴장 상태를 그대로 수용하면서 자신 있는 말투로 발표하면 된다. 다만 책을 읽듯이 똑 같은 톤으로 하지 말고, 억양을 붙인다든지 강조하고 싶은 부분을 반복해주는 테크닉이 필요하다.

(2) 표정 : 표정도 자신감의 표출이다. 재잘재잘 강연조로 해도 말이 앞선다는 느낌을 줄 수가 있다. 약간 미소를 머금은 얼굴로, 때로는 진지한 얼굴로 자신감을 나타내며 생동감 있게 진행하는 것이 좋다. 이런 표정관리는 다소 실수를 해도 무난히 받아들여질 수 있다.

(3) 시선 : 발표 시 시선은 허공을 바라보거나 단순히 왼쪽에서 오른쪽으로 돌아보는 것보다는 상대방 한 사람 한 사람에게 눈맞춤 해주는 것이 좋다. 시선은 듣는 사람을 존중한다는 마음가짐의 표출과 자기 생각의 확신을 전해주

는 중요한 방법이다. 참고로 긴장해서 시선 처리가 어려우면 최소한 전방을 주시하면서 한다.

(4) 신체 언어(Body Language) : 나무 막대처럼 가만히 서서 발표하면 상대방이 지루해지고 만다. 적당히 움직여 청중의 흥미를 이끌어 주는 것이 좋다. 설명하고 있는 부분을 가리키거나 자기 자신이 설명하고자 하는 무언가의 움직임을 직접 연출해 주는 것도 괜찮다.

(5) 발표 시간 : 대부분 프리젠테이션은 발표 시간이 정해져 있다. 청중들은 이를 통해 시간관념과 준비성을 체크한다. 사전 리허설을 통해 시간을 체크해둘 필요가 있다.

(6) 질의응답 : 발표 후에는 대부분 질문시간이 있다. 설사 질문시간이 없는 발표라 해도 발표자가 청중에게 질문여부를 물어보는 것이 좋다.

상대방이 질문을 할 때는 반드시 질문자와 눈맞춤을 하고, 질문을 들으면서 즉석에서 답변을 할 수 있도록 생각하도록 한다. 질문에 대해서는 먼저 질문 포인트에 대해서 간단명료하게 답변을 해준 후 그 이유를 설명해 준다.

4) 다큐멘터리 포트폴리오 활용법

나를 생생하게 보여주는 취업용 '다큐멘터리'의 중요성이 높아지고 있다. 취업 경쟁률이 높아지면서 기업에 제출하는 입사 서류들도 구직자의 개성만큼이나 다양해지고 있다. 기업 특성에 따라 구직자의 입사 서류가 기업 맞춤 서류로 차별화되고 있는 것. 특히 분량에 구애받지 않고 시각적으로 자신의 학력, 경력 등 객관적인 사항들을 자세히 보여줄 수 있는 '커리어 포트폴리오'식 입사 서류가 구직자들의 주목을 받고 있다.

이 장에서는 자신의 능력을 보여주고 자기를 홍보할 수 있는 '커리어 포트폴리오'를 작성하는 비결을 소개한다.

포트폴리오(Portfolio)는 Portable + folio 합성어로 간편하게 휴대 가능한 서류 파일 또는 서류 가방, 자료 수집철 등으로 풀이할 수 있다. 일반적으로 사진작가나 디자이너, 일러스트레이터 등 예술분야 전문가들이 자신의 작품을 소개할 때 활용하는 시각적 참고 자료를 말한다.

즉 개인의 과거 및 현재 작업들을 한눈에 볼 수 있도록 정리해 모아 놓은 것으로서 선발, 고용 등에 있어서 초기 판단 자료로 활용되고 있다. 포트폴리오는 과거의 실적과 자신의 능력을 묶어서 보여주고, 설득력 있는 계획을 통해서 자신의 전문분야에 대한 확신을 상대방에게 심어주는 매개물인 것이다. 또한 자기 자신의 독특한

캐릭터를 형성시켜줄 수 있는 결과물이며, 자기가 해온 일이나 활동, 연구, 학습에 대한 실적물을 보여주는 완결판인 셈이다. 따라서 어떤 분야에 전혀 경력이 없는 상태의 사람이 그 일에 대한 관심이나 기초 지식을 어필하는 툴로 사용되는 자격증과는 차이가 있다.

포트폴리오는 크게 세 종류로 나눠 볼 수 있다.

우선 퍼스널 포트폴리오다. 이는 스케치, 메모, 아이디어 등을 모아두는 시각적 일지로 자신에게 중요한 아이디어나 생각들을 개인 필요에 의해서 축적해 놓은 것이다.

다음으로 프로페셔널 포트폴리오는 특수한 목적에 부합되도록 만들어진 것을 말한다. 자신뿐만 아니라 고용주나 잠재적 고객 등 비즈니스 계약 관계를 성사시키기 위한 커뮤니케이션의 보조 수단인 셈이다.

마지막으로 구직자들이 커리어 포트폴리오로 활용할 다큐멘터리 포트폴리오가 있다. 다큐멘터리 포트폴리오는 개별적인 하나의 프로젝트나 프로세스, 활동을 보여주는데 활용할 수 있다. 구직자 입장에서는 개인 논문이나 작품, 공모전, 봉사활동 보고서, 서클 활동 체험기, 지원분야 분석보고서, 제안서 등 취업과 관련해 부각시키고자 하는 단편적인 경험들을 자세히 정리해 담으면 된다. 구직자들이 커리어 디자인 연장선상에서 마련하는 포트폴리오의 메리트는 다양하다. 먼저 포트폴리오 제작 과정을 통해서 취업활동의 분명한 목표의식을 갖게 된다. 분명한 플랜을 가지고 일을 시작할 수 있는 기초가 되는 것이다. 다음, 제작에 관련된 기술들에 대해서 스킬 업이 가능하다.

포트폴리오 제작을 수행하는 과정에 필요한 기술을 자연스럽게 습득할 수 있다. 또 채용담당자에게 준비된 인재라는 강한 인식을 심어줄 수 있다. 이력서 외에 자신의 강점을 시각적으로 보여주기 때문에 가능한 일이다. 특히 지원하는 회사와 관련된 경력이나 경험이 있다면 집중해서 부각시킨다. 또 포트폴리오를 통해 프로덕트 평가로부터 프로세스 평가로의 전환이 가능하다. 즉 활동에 대한 결과치나 성과치보다 일을 수행하는 전 과정을 통해 업무 스킬을 보여주는 것이다.

마지막으로 자신의 커리어 포트폴리오는 새로운 면접법으로 떠오르고 있는 프리젠테이션의 발표 자료로 활용할 수 있는 일석이조의 작업이다. 다만 취업용 커리어 포트폴리오를 제작할 때 몇 가지 유의해야 할 사항이 있다. 자신은 어떤 일을 경험했고, 어떤 연구 또는 학습을 해왔는지 정확하게 정리하고 있어야 하는 것이다.

또 자신은 무엇이 가능하고 무엇을 하고 싶은지도 구체적으로 밝혀야 한다. 특수하고 전문화된 직책이나 일자리를 찾는다면, 자신의 전문 영역과 직접적으로 관련된 것들만을 집약시켜주는 것이 현명하다. 일반 관리직인 경우에는 자신의 전반적인 능력을 보여 줄 포트폴리오를 제작하는 것이 좋다.

5) 커리어 포트폴리오 구성하기

이력서와 포트폴리오는 실과 바늘의 관계라고 생각하면 된다. 완벽하게 양자의 내용이 일치되어야 한다는 것이다. 포트폴리오에 첨부하는 이력서는 채용 담당자가 포트폴리오를 보기 전에 간단하게 응시자의 배경을 파악하도록 맨 앞면에 첨부하는 것이 좋다. 분량은 2페이지를 넘기지 않도록 압축해서 기록한다. 내용은 지원 분야에 대해 전문적 능력을 보유하고 있다는 것을 강조한다.

(1) 자기소개서

채용담당자에게 '왜 자신이 지원분야에 적합한 인물인지'를 말해주는 기회가 된다. 이력서에서 못 다한 열정과 창조력을 밝히는 공간이다. 포트폴리오와 연관된 자신의 능력을 집약해 기술한다. 다음과 같은 점을 참고해 작성해 본다.

- 자신에 대한 짧은 소개 글로 시작한다.
- 어필하고자 하는 내용을 주제에 가깝게 좁힌다.
- 긍정적인 면을 강조하고 부정적인 면은 생략한다.
- 지원기업에 공헌할 수 있는 내용을 업무와 연관시켜 객관적으로 강조한다.
- 주의를 끄는 자기 소개문을 작성한다.

- 기본적 연락 사항을 반드시 기입하고 인사말을 잊지 않는다.
- 이름, 타이틀, 분야, 주소 등을 다시 체크하고 철자, 문법, 장황한 표현 등을 교정본다.

(2) 내용 설명

포트폴리오에 수록된 내용물에 대해 간단명료하게 설명해준다. 그리고 객관적으로 설명될 수 있도록 한다. 또한 수식이나 포장보다는 솔직한 것이 오히려 어필할 수 있다. 특히 유의해야 할 점은 자기 자신의 노력의 산물이니만큼 조금이나마 미심쩍은 부분이 있거나 애매모호한 점이 있어서는 안 된다는 것이다.

(3) 결과물

결과물에는 자신의 강점을 자료를 바탕으로 자세히 보여준다. 특히 지원하는 회사의 업무와 관련된 활동이나 경험이 있다면 이를 따로 떼어내 그 활동만의 포트폴리오를 만들 수도 있다. 더욱이 강조시킬 내용물이 많다면 2~3개의 개별 포트폴리오를 삽입할 수도 있다.

예를 들어 서클 활동 체험기를 포트폴리오로 만든다면 서클활동의 목적, 활동의 배경, 진행방법, 인원구성, 스케줄, 자신의 참여방법, 활동의 성과, 참여해서 얻은 것 등의 순으로 기록하고, 이 활동에서 구체적인 결과물을 만든 것이 있다면 첨부한다. 더욱이 이 서클 활동의 어떠한 부분을 자신의 강점으로 강조하고 싶다면 반복해 언급해 주는 것도 방법이다.

단독행위가 아니고 단체로 진행했던 사안을 정리할 때 유의해야 할 점은 반드시 단체구성원 속에서 자신의 위치는 무엇이었으며, 어떤 역할을 했는지 도식화해 표현을 해주는 것이 강한 인상을 준다. 복수의 내용물일 경우는 연대기적 구성, 주제별 구성, 전문 분야의 세부적 구성 등의 분류 방법이 있다. 본인의 내용물과 알맞은 방법을 선택하면 된다.

(4) 직장생활 계획서

마지막으로 포트폴리오와 관련해서 취업 확정 후 어떻게 직장생활을 할 것인지에 대해서 자기의 의지를 밝힌다. 이는 단순한 취업 후 계획과 의지를 보여주는 차원이 아니다.

지원분야에 대해서 얼마나 준비를 해왔고, 그 분야에 대한 안목과 열정을 지원 회사 구성원의 입장에서 기술해주는 것이다. 따라서 일반적인 '입사 후 포부' 항목과는 구분된다. 단, 이 계획서는 포트폴리오의 마지막 단계다. 채용 담당자에게 자신을 확실하게 각인시킬 인상적인 내용으로 결말지어야 한다.

따라서 체계적이고 실현 가능한 계획들을 단기와 중장기로 나누어서 그 계획을 어떻게 피력할 것인지를 나름대로 정리한다. 평범한 결론보다는 기발한 아이디어를 접목할 필요가 있는 대목이다.

또한 그 계획들이 조직과의 관계 속에서 이뤄진다는 점을 강조해 팀워크의 중요성을 언급하면서 자신의 열의와 패기를 강하게 나타낸다.

6) 커리어 포트폴리오 제작하기

제작 형식은 앞에서 언급했듯이 본인의 내용물에 따라 다양한 그릇으로 표현될 수 있다. 따라서 어떠한 형식으로 할 것인지를 먼저 정해야 한다. 형식은 포트폴리오를 담을 외형적인 형식과 포트폴리오를 기술할 내부적인 형식으로 나눌 수 있다. 내부적인 형식은 사진, 그림 등 특별한 작품이 있는 경우가 아니라면 디자인적인 요소를 가미한 파워포인트를 활용하는 것이 유익하다.

무미건조한 논문이나 제안서도 텍스트적인 기술보다는 도표나 도형, 사진, 그래프를 활용한 시각화가 채용 담당자의 시선을 잡을 수 있기 때문이다. 가능하다면 포토샵, 일러스트레이터 등 전문 디자인 프로그램을 활용해 편집하는 기교를 부릴 수도 있다. 외형적인 형식은 바인더 북, 스토리보드, 낱장, 책, 멀티미디어 형식 등을 들 수 있다. 실제로 전공분야나 내용에 따라서 즉, 논문이냐 동아리 활동이냐 등에 따라서 내용물이 기술되는 표현법이 다를 수 있다. 따라서 외형적인 형식도 내용물에 적합한 형태를 취하는 것이 좋다. 포트폴리오 자료를 스캐너를 이용한 멀티미디어 작업화 하는 것도 고려해볼 만하다. CD에 담아두면 프로젝트를 이용한 프리젠테이션용 자료로도 활용할 수 있다. 제작시 유의해야 할 점은 계속해서 업그레이드가 가능하도록 고려해야 하며, 재차 제작이 가능할 수 있도록 해둔다.

8. 실전 면접

1) 면접절차는 어떻게 진행되는가?

기업마다 똑같지는 않지만 대개 다음의 순서로 진행된다. 이 순서를 잊지 않고 있으면 미리 다음 것을 예상할 수 있어서 좀 덜 당황스럽고 마음의 준비를 할 시간적 여유도 갖게 된다.

(1) 도착

회사 문을 들어서는 순간부터 면접은 시작됐다는 감으로 침착하게 행동한다. 늦지 않도록 미리 서둘러 예정시간보다 30분 가량 여유를 두고 면접 대기실로 가는 것이 좋다.

(2) 면접

대기실에서 자기 차례를 기다리는 동안 예상되는 질문에 대한 대답을 머릿속으로 최종 정리하면서 마음을 가다듬는다. 준비한 회사 소개 자료를 조용히 보는 것도 괜찮다. 차례가 가까워지면 다시 한 번 자신의 복장을 살핀다.

여성의 경우 대기실 등 공공장소에서 화장을 고치지 않도록 한다. 꼭 해야 한다면 화장실에 가서 한다. 대기하는 동안 옆 사람과 큰소리로 잡담을 한다든지 지나치게 흡연을 하는 것은 자제한다. 다리를 꼬고 비스듬히 앉는 것, 다리를 흔드는 것도 삼간다. 특히 면접장에 입실하기 전 휴대폰 꺼놓는 것을 잊지 않는다.

(3) 면접장 입실

자신의 순번이나 이름이 불려지면 "예"하고 대답한다. 면접장 출구 앞에 서서 가볍게 노크한다. 안에서 "들어오세요"라는 소리가 나면 조용히 문을 열고 면접실로 들어간다. 회사에 따라서는 담당직원이 면접자리까지 안내해주는 경우도 있다.

면접장에 들어서면 면접관을 향해 허리를 굽혀(15도 정도) 인사한다. 수험번호와 이름을 말한 뒤 의자에 앉는다. 의자에 앉을 때에는 무릎을 가볍게 붙이고 손은 무릎 위에 두며, 어깨에 힘을 빼고 등을 편다. 발끝은 가지런히 모으거나, 남성의 경우 다리를 너무 많이 벌리지 말고 어깨 넓이만큼만 벌린다. 등을 펴되 등받이에서 등이 조금 떨어지게 앉아야 똑바른 자세가 나오며, 자신감이 있는 듯한 인상을 줄 수 있다.

시선은 면접관의 가슴부분이나 넥타이목 부분에 두는 것이 상대방으로 하여금 공손함과 함께 자신의 말에 주의를 기울이고 있다는 느낌을 줄 수 있다.

(4) 질의응답

질문이 시작되면 침착하게 인사담당자의 말을 듣고 답변할 때는 잠깐 생각을 정리한 뒤 또박또박 대답한다. 답변을 생각한다고 눈동자를 위로 치뜨는 동작은 바람직하지 않다. 답변은 결론을 먼저 말한 후 세부적인 내용을 설명하는 방식이 좋다. 답변을 잘못한 것 같더라도 머리를 긁거나 혀를 내밀지 않도록 조심한다.

너무 빨리 말하거나 말끝을 흐리지 않도록 하며, 면접관으로부터 활기차다는 말을 들을 정도로 밝은 목소리로 말하는 것이 좋다. 연설하는 식이나 군대식 답변은 피하고 평상시 대화 스타일로 말한다. 무엇보다도 인사담당자로 하여금 자신감 있고 당당하다는 이미지를 가지게 하는 게 중요하다.

(5) 퇴장

면접관이 "수고하셨습니다" 등으로 면접시험이 끝났음을 알리면 "감사합니다"라고 인사한 후 자리를 뜬다. 문을 열고 나서 다시 한 번 면접관을 향해 인사하는 것을 잊지 않도록 하자. 혹 면접시험에서 언짢은 내용이 있었더라도 도망치듯 급히 행동하지 말고 조용히 문을 열고 당당한 걸음으로 나간다.

집단 면접 시에는 다른 사람의 면접이 끝나면 동시에 일어나 인사하는 경우도 있다. 퇴실 후 담당 직원에게 합격 통보 등 기타 면접 이후의 일정을 체크하는 것도 잊지 않도록 한다.

2) 면접 전일, 면접 당일 꼭 해야 할 일

(1) 면접 전일 - 미리 챙기기

가. 이력서, 자기소개서 등 지원서류를 꼼꼼히 다시 읽어라

제출한 지원 서류는 면접의 기초 자료로 활용된다. 물론 면접담당자가 지원자에 대한 아무런 정보도 얻을 수 없는 블라인드 면접도 있지만 대체적으로 제출 지원서류를 면접에 참고한다. 특히 제출한 서류와 다른 동문서답을 하지 않도록 숙지해야 한다. 자칫 질문과 답변 내용이 엇갈리면 거짓말하고 있다는 인상을 줄 수 있기 때문이다.

나. 지원 회사의 최근 기업 뉴스를 읽어라

신상품 출시나 사장 등 경영진들의 업계 활동, 경영상태 등 기업정보를 체크한다. 면접 중 가장 빈번하게 등장하는 질문 중 하나다. 아울러 면접이 속한 주의 시사문제 등에 대해서도 내용을 미리 체크할 필요가 있다.

다. 일찍 자라

불안한 마음에 밤 늦도록 뒤척인다면 건강한 모습으로 아침을 맞을 수 없다. 주사위는 던져졌다. 최선을 다하겠다는 마음가짐으로

일찍 잠자리에 들어라. 특히 지각은 최대 감점 요인이다.

(2) 면접 당일 아침 - 다 잘 될 거야. 용기를 가져!

가. 아침은 꼭 먹어라

면접 대기를 하다보면 많은 시간을 기다려야 한다. 아침을 굶으면 긴장감과 초조함이 더 고조된다. 먹기 싫더라도 가볍게 아침을 먹어 두는 것이 의외의 실수를 예방할 수 있다.

나. TV뉴스나 신문을 통해 이슈가 될 만한 내용을 최종 점검하라

인터넷 뉴스 검색이나 조간 신문을 챙겨라. 기업과 관련된 기사나 경제, 정치면 기사를 훑어본다. 시간이 촉박하다면 1면이라도 살펴라.

다. 이동시간을 이용해 미리 면접 과정을 머리 속으로 그려보라

머릿속 행동은 수정이 가능하다. 회사에 도착할 때까지 시간을 통해 면접의 전 과정을 그려보라. 미리 자신이 취할 행동이나 말의 답안을 생각해본다면 도움이 될 것이다.

04

이정주 대표에게 **묻고 답한다**

04
이정주 대표에게 **묻고 답한다**

이 치열한 경쟁 사회에서 우리는 어떻게 해야 살아남을 것인가? 가장 강한 것과 가장 현명한 것이 살아남는 것은 아니다. 가장 변화에 잘 대응한 것이 살아 남는 것이다. 과거에 대한 후회를 정보와 교훈으로 삼고, 미래에 대한 불안을 계획을 통해 해소해 나아가야 한다. 보통의 사람들은 중요한 일보다 긴급한 일을 우선시하는 경향이 있다. 하지만 중요한 일을 먼저 하고, 필요한 일을 먼저 할 수 있는 판단력을 키워야 한다.

(이정주 대표의 말 중에서)

질문  대학 졸업반 S대학교 4학년 경제학과 함효선(가명)

 H대학 수학과 2학년 휴학중 성찬호(가명)

응답 이정주 대표

이 원고는 대학 졸업을 앞둔 4학년 취업 준비생과 아직은 막연하지만 취업을 걱정하기 시작하는 2학년(휴학생) 학생이 이정주 대표에게 취업준비생으로서 가장 궁금한 점 몇 가지를 질문하고 이 대표가 대답한 것을 정리한 것입니다. (편집자 주)

1. 무엇을 해야 할 것인가?

: 대표님, 취업 이야기가 아직은 먼 얘기처럼 들리거든요. 취업 준비를 한다고 해도 이런 저런 핑계로 사실 시간 관리를 하기가 쉽지 않습니다. 언제부터 취업 준비를 하는 것이 바람직한 건가요?

이정주 대표 보통 학생들이 자주 범하는 실수가 대학 1, 2학년을 허송세월한다는 점이에요. 대개가 그러거든요. 1학년 때는 그냥 놀아요. 대학 들어오느라 지친 몸과 마음을 푹 쉬게 하고 싶다는 생각이 많은 거죠. 공부를 해야 한다고 옆에서 아무리 이야기해도, 너무 많은 스트레스를 받아 왔기 때문에 3, 4학년이 되어야 정신을 차리는 거죠. 4학년이 되는 1학기에 들어서서야 '아이쿠, 이거 큰 일 났다!' 이러는 데 그 때면 이미 늦은 겁니다. 정신을 차리고 보니 그냥 세월만 흘려보낸 거예요. 그런데 막상 4학년이 되면 MT에, 중간고사, 기말고사, 축제니 뭐니 하다보면 1학기가 금방 끝나요. 기말고사 끝나기 직전, 이때부터 '이거 그냥 졸업을 해 휴학을 해' 이러면서 많은 학생들이 휴학을 하죠. 취업 재수를 위해 휴학하는 실수를 범한다는 말이죠. 그러니 생각이 있으면 1, 2학년 때부터 고삐를 늦추지 않아야 합니다. 다른 사람들 모두가 놀아도 나는 공부한다는 각오가 있어야 합니다.

: 맞아요. 제 친구들 중에도 몇몇이 지난 학기에 휴학을 했어요. 저도 사실 그런 생각을 하고 있었거든요. 그런데 대표님, 휴학을 하는 것이 정말 도움이 될까요?

이정주 대표 많은 학생들이 뚜렷한 목표와 계획도 없이 휴학을 덜컥 해버립니다. 좀 생각이 있는 학생들은 형편이 뒷받침 되면 2~3학년 때 해외연수를 한 번 갔다 오기도 합니다. 그 다음에 4학년 1학기 때 자신을 살펴봐서 아직 취업 준비가 안 된 것처럼 판단되면 심각하게 휴학에 대해 고민을 하게 되죠. 요즘은 이런 것이 유행병처럼 번지고 있어서 처음 입학해서 대학을 졸업할 때까지 남학생은 군대를 포함해서 7년에서 8년이고, 여학생은 보통 5~6년이나 걸려요. 그러니 입학해서 대개 6년 정도를 대학에서 보내는 경우가 많아졌습니다. 그러다보니 얼마전 언론이 '신입사원이 늙어가고 있다' 는 기사를 내보낼 정도가 되었습니다. '늙은 신입사원' 이라는 말이 어색하지 않게 된 거죠.

그런데 사실 지식정보화 사회에서는 신입사원이 늙어서 들어오기를 원하지는 않거든요. 지식정보화 사회일수록 젊고 싱싱하고 상상력이 많은 사람들을 원하게 됩니다. 철저한 준비 없이 무조건 휴학하는 것은 시간만 축낼 뿐이라는 것이 제 생각입니다. 차라리 적당한 곳에 들어가서 자신의 경력을 가꾸어 가면서 원하는 분야로 도전하는 방법이 나을 수도 있습니다.

: 저는 군대 문제도 있고 해서 취업에 대한 생각을 정리하기가 참 어렵습니다. 취업을 위해 가장 준비해야 할 핵심적인 요소는 무엇일까요?

이정주 대표 좋은 질문을 주셨네요. 단도직입적으로 말하자면 남학생의 경우, 군대와 외국어 문제입니다. 우리나라 학생들은 해외의 학생들에 비해 경쟁력이 확실히 부족합니다. 이건 국외의 기업에 취업하려고 할 때 더욱 두드러지는 문제죠. 우리나라의 경쟁국가들은 우리나라와 같은 현상이 있는 나라가 없거든요. 우리의 경쟁국은 상당수 영어를 기본으로 하게 되니까 영어 준비에 투자할 시간을 전공 준비에 투자할 수 있습니다. 그런데 우리는 영어연수도 없고, 실생활 회화를 익히는 데도 상당한 시간이 필요합니다. 게다가 남학생들은 어떤 형태든 군대를 갔다 와야 비로소 취업 준비가 되는 것이 현실입니다.

'군대와 외국어' 이것 때문에 우리나라가 상대적으로 대학에서 머무르는 기간이 다른나라보다 2~3년 더 많아요. 이로 인한 시간 낭비가 참 심각합니다. 그래서 저는 학생들에게 강력하게 권고를 하는데, 빨리 군대를 마쳐라. 그리고 빨리 졸업해라. 대학에서 머무르고 있다고 해서 더 배우는 것보다는 시간의 손실이 훨씬 많다고 말하고 있습니다.

: 그렇다고 준비가 채 되지 않은 상태에서 졸업한다고 해서 취업을 할 수 있는 것도 아니고 휴학도 하지 않고 졸업하면 너무 불안하지 않을까요?

이정주 대표 물론 그렇죠. 제 말은 휴학을 하려면 차라리 휴학하기 전까지 심각하게 고민해서 휴학을 했을 때 무슨 일을 어떻게 할 것 인지에 대한 준비를 철저히 하라는 것입니다. 준비하지 않은 상태에서는 두려워서 휴학하지 말아라는 말이죠. 준비없는 휴학은 더 많은 손실이 일어납니다.

사실 그 이유는 신입시장에 들어갈 때까지가 학교, 학력, 토플점

수, 토익점수 이런 것들을 보는 것이지, 입사하고 나면 토익점수나 어느 학교 출신인가는 그렇게 큰 문제가 아니거든요. 신입사원이 무슨 일을 제대로 해내는가, 업무 처리 능력은 어떤가가 중요하다는 것입니다. 그런데 학생들은 학력과 점수, 숫자로 표현할 수 있는 것에 워낙 민감하다 보니까 자꾸 학교에 머물러 있어요. 기업이나 사회는 그것을 원치 않거든요. 오히려 지금 신입사원 연봉과 2~3년 된 경력사원의 연봉차가 굉장히 많이 납니다.

요즘 경력자가 절대 부족한 상황이다 보니까, 노동시장에서는 경력자를 주로 찾고 있습니다. 신입은 연봉 한 2천 정도라면 2~3년 경력자는 2천 5백정도 높여 부를 수 있어요. 1~2백만 원 올라가는 게 아니라 확 올라간다는 말이죠.

그래서 사회에 나와서 2~3년 동안은 직장에서 학습을 한다는 생각을 가지고 취업을 빨리하라고 저는 말합니다. 그렇게 됐을 때 더 많은 소득을 올릴 수 있고, 자기계발을 해나갈 수 있습니다.

: 그렇다면 자기계발은 어떻게 하는 것이 좋을까요? 지금 시대가 원하는 것, 또 미래에 유망한 직종들로는 무엇이 있을까요?

이정주 대표 예. 그 문제는 아주 중요합니다. 세상의 변화를 읽어야 하죠. 변화하는 트렌드를 알아야 됩니다. 적을 알고 나를 알면 이기는 것 아닙니까. 세상이 어떤 방향으로 가는가. 그다음에 나는 누구인가 내가 뭘 잘하는가를 분석하면 되는 것이죠.

세상은 무서운 속도로 변하고 있습니다. 말로만 지식정보화를 외치는데 우리는 이미 지식정보화 사회로 들어와 있거든요. 지식정보화의 산업은 6T산업을 주로 말하고 있습니다.

과거 산업사회국가들이 영국의 산업혁명에 자극받아 산업사회로 옮겨가는데 오랜 세월이 걸렸습니다. 이들 국가 모두가 초창기는 경공업이었죠. 이런 경공업 중심에서 중화학공업, 그 다음에 자동차, 반도체로 옮겨가는데 200~250년 걸렸습니다.

우리나라의 경우, 해방 이후 본격적인 산업화가 시작되었으니까 40년에서 50년 걸린 셈이죠. 그런데 서구 사회는 이미 산업사회의 패러다임을 벗어던지고 탈산업사회로 옮겨가고 있습니다. 지금 우리나라의 대기업이 가지고 있던 것이 대개 산업사회의 이른바 굴뚝산업이었는데 이제 이 산업이 테크놀로지와 연계하면서 새로운 분야를 만들어내고 있어요.

 : 6T라는 것은 무엇을 말하는 거죠?

이정주 대표 IT, NT, BT, ET, ST, CT 등을 말합니다. IT 즉, 정보기술은 지금 무한한 일자리를 만들어 내고 있죠. 그 다음에 오고 있는 것이 NT입니다. 나노 테크놀로지, 미세공학 분야죠. 이 시장은 가장 쉽게, 모든 제조업과 밀접하게 연결이 되고 있고 시너지 효과도 크

게 내고 있습니다. 반도체, 전자통신, 석유화학, 이런 분야에 NT가 들어가기 시작하면서 산업자체가 굉장히 큰 고부가가치를 내며 발전하고 있습니다. 미래학자들이 지금 이야기 하는 것을 보면 조만간 앞으로 5년 이내에 일자리를 가장 많이 내는 것이 NT랍니다. 그 다음에 ET(환경공학)를 근간으로 하여 BT(생명공학), ST(우주공학), ET(환경공학) 분야가 각광을 받게 될 것입니다. 생명공학이전에 이미 환경공학은 큰 분야로 성장하게 될 것이고 NT시장과 함께 동반 성장 할 것입니다.

환경공학은 환경공학 자체와 대체에너지 쪽의 성장이 기대됩니다. 왜냐하면 산업사회동안 인류가 소비해버린 화석연료가 지금 고갈상태로 접어들었거든요. 이것에 대한 대체에너지를 개발해가는 방법이 필요한 시대 상황입니다. 대체에너지 쪽은 지금 대체에너지의 대표적인 태양에너지나 바이오에너지라든지 원자력에너지의 경우 이산화탄소 배출량이 적으면서 전체 산업의 효율성이 굉장히 높아지고 있기 때문에 각광을 받을 수밖에 없죠. 선진국들은 이미 이 시장으로 이행하고 있어서 완전히 경쟁체제로 가 있어요. 우리나라가 이 분야 진입에 실수한 것도 많이 있죠.

우주항공공학은 그 중에선 늦은 분야지요. 얼마 전 우리나라도 우주인을 한 명 선정했죠? 앞으로 우주공학은 우리에겐 생소하지만 일반 공학 분야로 확산할 수 있는 중요한 기술입니다.

CT, 즉 문화컨텐츠 분야는 아직은 열악하긴 하지만 계속 발전하고 확대될 시장입니다. 문화컨텐츠 분야가 우리나라가 나아갈 수 있는, 지금 대학생들이 사회에 진출한 후 미래산업이 될 수 있는 소지가 가장 많다고 할 수 있습니다. 인적 자원이 많은 우리나라의 경우 머리로 할 수 있는 일이거든요.

: 우주공학도 그렇게 큰 시장이 될까요?

이정주 대표 제가 미래학자가 아니지만 지금까지의 추세로 보면 확실합니다. 미국 NASA에서 개발한 농축 연료 기술이 상용화되어 자동차 시장으로 적용되고 있고, 연료절감장치, 우주식량, 대체에너지, 심지어 군비경쟁을 통한 무기시장까지 우주공학의 기술이 이런 분야의 기술을 선도하고 있습니다.

그래서 이런 데 관심을 갖고 세상은 이런 방향으로 흘러가고 있는데, 차라리 지금 대학에 머물러 있을 게 아니라 빨리 졸업해서 내가 관심을 갖고 있는 분야의 공부를 더하고 자기계발을 통해 원하는 분야로 옮겨가야 한다는 것입니다.

: 문제는 대학 들어올 때 전공을 충분히 생각하고 오는 아이들이 많지 않다는 것입니다. 저희들 중 상당수가 실력에 맞춰 적당히 전공을 선택했거든요. 그래서 후회하는 아이들이 정말 많아요.

이정주 대표 그게 정말 큰 문제예요. 그런데 어떡하겠어요? 현실을 인정하고 가야죠. 그럼에도 현재의 전공을 선택한 이유가 있을 것 아니에요. 성적에 맞춘다 하더라도 성적과 적성이 어느 정도 연결되니 선택한 것 아니겠어요? 나름대로 자신에게 조금이라도 가까운 것을 골랐겠죠. 그러니까 자기가 전공한 분야와 앞으로의 유망 분야를 어떻게 매칭 시켜갈 수 있는지에 대해서 고민하는 것이 가장 중요한 것입니다. 자기 전공과 가고자 하는 분야의 매칭이 중요하다는 말입니다.

더 큰 문제는 우리 학생들이 **'자신이 하고 싶은 것과 지금 잘하는 것'** 을 구분하지 못한다는 것입니다. 대부분의 학생들은 자신이 기대하는 것을 선택해요. 지금 잘하는 것을 선택해야 하는데, 자기가 잘하는 것에 대해서는 좋게 생각하지 않고 엉뚱하게 하고 싶은 것을 골라요. 그러다보니 현실과 괴리가 생기고 자꾸 경쟁에서 밀리게 되죠. 사실 최상의 자기계발은 자기가 잘하는 것을 자기가 하고 싶은 것과 연결시켜가는 것이 최고로 좋은 것이겠죠.

2. 할 수 있다는 확신과 철저한 준비가 자산

: 너무 상식적인 질문 같지만 어떤 사람이 취업이 잘 됩니까? 왜 어떤 사람은 같이 공부하고 성적도 비슷한 상태로 졸업했는데도 좋은 기업에 취업하고 또 어떤 학생은 취업 삼수사수를 하고 있는 것일까요? 취업을 잘 하는 사람들의 공통점 같은 것들이 있습니까?

이정주 대표 사람마다 경우가 다 다르니까 일반화하기는 어려워요. 그래도 제 경험상으로 보자면 '악착같은 면이 있어야 취업도 할 수 있다.' 저는 그렇게 이야기하곤 합니다. 제가 아는 한 여학생이 있었어요. 똑똑하고 주관이 뚜렷한 아이인데 금융권으로 가고 싶어 해요. 그래서 기업입장에서 금융은 증권분야가 꽃이니 증권회사 쪽으로 취업을 준비해 보라고 코치해 주었어요. 그랬는데 사실 이 학생은 금융 분야의 취업 준비가 제대로 되어 있지 않았습니다.

투자상담사 2급도 따 놓지 않았더군요. 그랬는데 이 학생이 승부사 기질이 대단히 많았어요. 저는 그 학생에게 '넌 될 거야. 잘 할 수 있어.' 그렇게 말했습니다. 물론 그런 확신도 있었구요.

그러면서 '모증권사 후배를 소개시켜 줄테니 가서 한 번 물어보고 알아보고, 네 진로를 결정해라' 고 말해주었습니다. 그랬더니 이 학생이 그 증권회사 취업설명회를 하는 데마다 계속 따라다닌 거예요. 자기 학교는 안 와서 갈 수 밖에 없었대요. 자꾸 따라다니니까 인사담당자를 알게 됐어요. 그 인사담당자가 한 번 지원해 보라고 이야기하더래요. 그 결과 어떻게 됐을 것 같아요? 예. 바로 그겁니다. 그 회사 인사담당자가 이 학생이 정말 적극적인 것을 보고 눈여겨 봐 둔 후 채용하게 된 것이죠. 면접할 때 그 학생에게 물어보더랍니다.

"당신은 왜 금융 분야로 들어오려고 하면서 자격증이 없는가? 당신이 남들보다 잘할 자격이 있는가? 회사에 들어오면 지는 사람들도 있고 이기는 사람들도 있는데 당신은 어떻게 하려고 하느냐?"

그렇게 물어봤는데 이 학생이 이렇게 대답했답니다.

"저는 매일 이기는 사원이 되겠습니다."

두려움이 사람을 망치는 법입니다. 확신을 갖고 자신있게 밀어붙이면 성공합니다.

: 영어와 학점을 동시에 잘 하는 것이 참 어려워요. 어떻게 하면 될까요?

이정주 대표 대부분의 학생들은 영어잡는다고 학점 놓치고, 학점 잡는다고 영어 놓치는 실수를 되풀이합니다. 그러니 1~2학년때 영어를 마스터 해놓으면, 3~4학년 때 학점을 잡으면 되는데 학생들은 동시에 이를 해결하려 드는 것이죠. 공부 잘하는 학생들 특징을 보면 한 두 과목 딱 잘 하는 것 있으면 그 다음엔 그건 돌아가니까 다음의 여력이 생겨요. 그런데 이게 안 되면 여기도 저기도 다 막히는

■ 이제부터 뜨는 산업, 뜨는 직업

1. 서비스산업, 지식기반 서비스 산업
2. 뷰티션, 미용, 헬스케어, 레서 및 스포츠 산업
3. 의료, 고령화 대비 대체의학, 한방, 생명공학, 나노테크
4. 태블릿PC, 와이브로, 휴대폰, DMB, 방송통신 융합관련산업
5. 교육, 코스모피디어(세계대학 통합사이트)
6. 가사도우미, 부모대행업, 내니(유모), 매니(남자유모)
7. 인력사업, 시니어사업

■ 10년 후 미래직업

1위. 나노기술(NT)의 생명공학(BT), 제약, 약사, 간호사

2위. 에너지(ET), 솔라사업, 바이오 연료, 풍력, 조력

3위. 노인의료, 헬스케어사업, 사회복지 관련사업

4위. 개인인력 매니져(HRM), 교육훈련사업(HRD)

5위. 가상현실 네트워커, 유비쿼터스 관련사업

[참고] 박영숙 · 박세훈 공저, NEXT JOB, 매일경제신문사. 2006

외국계 기업의 **취업 방법**

05
외국계 기업의 **취업 방법**

1. 외국계 기업 취업 '서류심사' 가 당락 좌우

취업의 절차를 간단히 말하면 서류심사 - 면접 - 취업결정이라는 3단계를 거치는데 서류 접수자중 80%이상은 서류심사에서 탈락되며 오직 20%정도만 면접을 보게 된다. 다시 말하면 취업의 첫 열쇠는 이력서이며 이력서가 열어 준 면접의 관문을 거쳐야 취업이 된다는 것이다. 외국계 기업취업도 마찬가지 룰을 따른다.

이력서를 작성하기 전에 지원하는 회사의 인사담당자가 당신의 이력서를 보기 위해 얼마의 시간을 투자할 것인가? 단 몇 초, 몇 분 만에 당신의 이력서는 그 행로가 달라질 것이다. 그렇기 때문에 이력서 쓰는 법은 중요하고 그것을 배우고 점검하는 일은 의미가 있다. 그렇다면 과연 이력서는 어떻게 작성해야 하는 것일까? 또 자기소개서는 어떻게 써야 잘 쓴 것일까? 면접은 어떻게 준비를 해야 하는 것일까? 매일 적지 않은 사람의 취업 상담을 하고 커리어 코칭을 하고 있는 컨설턴트들은 다음과 같이 말한다.

"취직 상담을 원하는 구직자들에게 가장 취약한 부분은 자신을 어떻게 마케팅 해야 하는지를 생각해 본 적이 없다는 것입니다."

톰 피터스는 브랜딩에 대해 강연을 하면서 이런 질문을 던졌다. "당신은 누구인가?" 그렇다. 나를 브랜딩해야 하는 구직전쟁에서 이기는 비결은 나를 아는 것이 최고의 열쇠다. 나를 정확히 알고 나면 구직 전략수립은 한결 수월해진다.

1) Resume

이력서는 한마디로 한 사람의 청사진이라고 할 수 있다. 취업의 첫 관문인 이력서에서 채용담당자는 두 가지를 보게 된다. 첫째는 기업에서 요구하는 경력과 자격을 갖추고 있는가이다. 둘째는 응시자의 자기표현 능력이다.

이 두 가지를 충족시키려면 그 기업에서 요구하는 인재상과 요구사항을 잘 파악하고 있어야 하며, '나' 라는 인재가 어떤 사람인지 스스로 잘 알고 있어야 한다. 이력서에 객관적으로 보여지는 '나' 라는 사람이 어떤 사람인지를 알아보도록 하자. 나는 누구인가 스스로 알아야 한다. 예비 대학 졸업자들이 자주 느끼는 것은 이력서에 도무지 내 이름과 학교 외에는 쓸 것이 없다는 것이다.

다음의 항목으로 구성된 Self Assessment Chart를 만들어 보자. 거짓으로 만들지 말고 여기에 해당될 것 같은 내용을 모두 쓴다.

2) Self Assessment Chart

· Education : 고등학교 이후의 학력. 학교이름, 학과, 년도.

· Courses taken in university : 현재 지원하는 포지션에 유리한 과목을 이수한 적이 있는가?

· Part time work / Internship opportunities : 학교를 다니면서 일한 경험이나 인턴 경험을 쓴다. 짧으나마 사회생활을 했다는 것을 써서 자립심, 부지런함 등을 말할 수 있다.

· Other training : 어학연수 경험이나 사설 학원에 다닌 것도 다 써보자. 지속적으로 자기계발에 힘썼다는 것과 자격증이나 공인 시험

점수가 없더라도 내 실력을 객관적으로 알려줄 수 있는 방법이 생길지도 모른다.

· Skills / Certification : 컴퓨터 활용능력, 외국어 능력, 자격증, 내가 가지고 있는 모든 지식을 쓴다.

· Military service : 영문 이력서에는 써도 되고 안 써도 되는 것으로 흔히 말하는데 신입 이력서에는 경력과 공백기간을 설명해 주므로 넣는다.

· Volunteer / Club activities : 자원봉사와 클럽 활동을 통해 봉사정신, 협동심과 리더십 등을 보여준다.

· Awards / Scholarships : 상벌, 장학금을 받은 적이 있는가.

· Hobbies / Interests : 이것도 역시 써도 되고 안 써도 되는 것으로 말하는데 그 회사에서 원하는 인재상에 맞는 취미가 있을는지? 스포츠 용품회사에 지원하는데 나는 만능 스포츠맨이라든가 이런 식으로 매치가 되는 것이 나올는지 모른다.

· Strength : 나의 강점은 무엇인가? 이것을 객관적으로 보여줄 수 있는 방법이 있을까? 예를 들면 개척정신을 강조하고 싶은데 학교 다니면서 여행을 많이 한 경험이 있다든지 생각해 본다.

그리고 이것이 그 회사에서 요구하는 인재상과 맞는지도 생각해 본다. 쑥스러워 하지 말고 거침없이 나의 장점을 써보자.

3) Cover Letter

'커버레터' 를 레주메보다 먼저 읽어요!

"커버레터가 뭐예요?"

"자기소개서를 써야 하나요, 아니면 커버레터를 써야 하나요?"

이런 질문을 많이 받곤 한다. 아직 외국계 기업에 익숙치 않은 탓이다. 이력서에 객관적인 사실을 정리해 넣은 다음 조금 더 글로 풀어 쓰는 기회가 자기소개서나 커버레터다. 자기소개서는 우리나라에서 계속 쓰고 있던 형식이고 커버레터는 외국에서 많이 쓰는 형식으로 형식상의 차이가 있고 내용면에서는 차이가 나지 않는다. 커버레터에 들어가는 내용이 조금 더 축약된 내용으로, 글과 생각을 정리하는 능력이 조금 더 요구된다고 할 수 있겠다.

취업이나 전직을 준비하고 있는 사람들이 항상 물어보는 것은 커버레터를 쓰는 것이 좋을지 아니면 자기소개서를 쓰는 것이 좋은가이다. 여기에는 꼭 한 가지 답만 있는 것은 아니다. 대신 본인을 가장 잘 나타낼 수 있는 매체가 무엇인지 결정하고 거기에 맞추어 준비해야 한다는 것이다.

물론 영문이력서를 쓰는 데에도 어떤 주어진 틀이 있다. 그렇지만 궁극적으로 본인에게 물어봐야 할 것은 과연 이것이 나를 가장 잘 나타내는 형식의 문서인가 하는 것이다.

외국에서는 이력서와 커버레터를 보내는 것이 보편화되어 있지만 우리나라는 꼭 그렇지 않으며 어떤 한 형식만이 맞다고 보기엔 어려운 실정이다.

커버레터는 레주메와는 달리 일정한 틀이 순서에 입각해 짜여져 있지 않기 때문이다. 하지만 일종의 Business Letter로 오히려 레주메보다 더 강력하게 자신을 어필할 수도 있다.

국내에서 쓰던 자필이력서 형식은 현재 영문이력서의 형식을 따라가서 경력 위주로 바뀌고 있다. 영문이력서와 자기소개서를 요구하는 회사가 있는가 하면 이력서와 커버레터를 요구하는 회사도 있다. 이력서와 자기소개서를 커버레터와 함께 제출하는 이도 자주 본다. 그만큼 내가 창의적으로 내 자신을 홍보할 수 있는 기회가 더 큰 셈이다.

실제로 외국계 기업 채용담당자가 지원서류를 받으면서 가장 먼저 읽는 것이 커버레터이다. 만일 커버레터 없이 레주메만 보낸다면 그것만으로도 불합격의 요인이 될 수 있다는 점을 명심하도록 하자.

4) 커버레터는 나를 홍보하는 매체

이력서가 객관적인 증빙 내지는 단서들로 이루어진 내 경력의 청사진이라고 본다면 자기소개서나 커버레터는 조금 더 주관적인 면에서 나를 홍보하는 매체라고 볼 수 있다. 이력서에 경력과 업적 위주로 기술을 했다면 자기소개서나 커버레터는 어떻게 해서 그런 업적이 가능했는지를 쓸 수 있는 기회이다.

커버레터란 말 그대로 자기 이력사항에 대한 표지이며 여기에는 네 가지 정도의 요소가 들어간다.

① 나는 누구인지

② 왜 지원하는지

③ 다른 이들과 어떻게 다른지

④ 인터뷰에 대한 요청 내지는 각오(나의 비전)이다.

자기소개서의 내용도 다를 바 없다. 프로로서의 나를 정의하고, 지원동기, 다른 이들과 차별되는 것, 그리고 나의 비전이다.

5) Resume 양식

Name 주소 전화번호 집/셀폰

Job Objective 지원분야

Expected Job site 희망근무지

Expected date of Commencement 근무시작일

Skills 기타 교육강좌(학원, 연수)컴퓨터 활용 능력, 외국어능력, 시험점수(시험점수가 없으면 주관적으로 이수한 과목에 대한 설명을 넣는다.)

Resume

Job Objective			
Expected Job site		Applied Level	
Expected Salary		Major(Latest School)	
TOEIC		Expected date of Commencement	

	Name		D.O.B (Age/Gender)	
	Mobile		Emergency	
	Address			
	E-Mail			

■ Educational Background

Name of School	Period		Major	Location	G.P.A
	From	To			

■ Work Experiences

Name of Company	Period		Job Function	Details of Job
	From	To		

Skills :

Awards :

Drive License : Other License :

Patriot : □Yes/□No/□NA Disabled : □Yes/□No

Overseas Experiences : (Country : Object: Duration:)

Other Comments :

COVER LETTER

Name

주소

받는이 이름

주소

Dear Mr.Kim, (이름이 없으면 Dear personnel manager)

나에 대한 소개 한마디,

왜 이 포지션에 지원하는지

나의 장점과 자격 사항

왜 내가 이 포지션에 적합한 사람인지, 그리고 어떻게 기여할 생각을 가지고 있는지.

Sincerely

(Sign) 이름

※ 커버레터와 자기소개서에 들어가는 내용은 동일합니다.

나의 각오와 인터뷰를 꼭 할 수 있게 해달라는 요청

2. 미국계 회사 공략법 - 언어 & 전문능력 외 팀워크 중요시

다국적 기업 중에서도 미국계 기업에 취업하고자 하는 지원자는 다른 나라와는 다른 그들의 문화와 기업 풍토를 이해하는 데서 출발해야 할 것이다. 우선 미국계 기업은 한국이나 일본 기업과 비교할 때 그 속도가 빠르고 쉼이 없다고 할 수 있다. 근무시간 중 일도 하지만 한가한 시간도 가질 수 있는 곳이 좋은 직장이라고 생각하는 사람은 미국계 기업에는 맞지 않다고 봐야 하며 그 안에서 성공할 수 없다고 말할 수 있다.

1) 기업 특성 - 근무 형태나 임금, 업무스타일 등

업무 기능이 상당히 분권화돼 있을 뿐 아니라 전문화돼 있다. 따라서 담당자는 전권을 가지고 있다. 이 말은 각 위치에 주어진 역할이 있으며 전적인 책임을 가지게 되므로 요구되는 성과에 대한 엄정한 평가가 내려지게 된다. 그 평가는 근무태도나 성실성도 중요하겠지만 자리에 따라서 더욱 중요한 것은 계수화된 실적과 수익률일 것이다. 그래서 심지어는 어느 선 이상의 승진을 본인이 고사하는 경우까지도 있다. 흔한 경우는 아니지만 자신의 역량으로는 감당할 수 없는 업무의 책임을 맡았을 때 결과는 뻔하기 때문이다. 다른 사람의 성과를 훔치거나 대충 넘어갈 수 있는 방법은 없다. 한국 기업에서는 사내에서 직급에 따라 조직에서의 그 사람의 위치를 판단하지만 미국 기업에서는 철저하게 그 사람이 하는 일의 내용과 책임의 한도가 어디까지인가를 두고 판단한다. 근무형태는 주 5일 근무제도를 채택하고 있으며 임금체계는 연봉제를 거의 모든 회사가 도입하고 있다. 이는 곧 자신의 능력과 책임에 준하는 성과 평가를 통해 공정하게 시행하고 있으며 개인별로 매년 실적 평가를 거친 후 연봉 협상을 한다.

2) 채용 패턴

각 업무가 전문화돼 있으므로 담당자는 전문지식을 이용해 주요 업무를 수행하며 그 이외의 잡무는 비서에게 주어진다. 이렇게 함으로써 전문가로서의 각자 역할을 충실히 할 수 있으며 잡무로 시간이 빼앗겨서 중요한 사안을 처리하지 못하는 일은 없다. 비서의 위치가 중요하지 않다는 것은 아니다. 오히려 정확히 분업화돼 있으므로 비서가 주어진 역할을 해야만 각 팀에 주어진 일이 원활하게 돌아갈 수 있다는 것이다. 미국계 다국적 기업의 직원 채용 방법은 다른 국가들과 공통된 점들이 많지만 몇 가지 특성이 있다. 이전에는 채용 건이 발생하면 평소에 이력서를 보내놓은 후보자들 중에

선발하거나 신문광고를 이용하는 경우가 많았다. 최근에는 각 기업에서 인터넷 홈페이지에 채용란을 만들어 입력된 지원자를 검색하기도 한다. 하지만 적절한 지원자를 빠른 시간 안에 효율적으로 찾기 위해서 많은 기업이 서치 펌을 이용하는 추세다.

영어 구사와 컴퓨터 사용 능력은 기본이며 현재 전반적으로 전문화된 인력의 수요가 증가하고 있다. 각 분야의 전문성을 요구하므로 다양한 업무보다는 가능한 한 특정 분야의 전문가로 이직하는 것이 유리해 보인다.

3) 필요한 자질

외국계 기업 취업시 고려할 가장 중요한 요소는 언어(영어 및 기타)와 각 부문별 전문 경력이다. 물론 개인 인성 및 자질 또한 중요한 요소이므로 간과해서는 안될 것이다.

일례로 드림웍스 컨설팅이 진행한 어느 외국기업의 사례를 살펴보면 최종 인터뷰에 오른 2명의 후보자가 있었다. 누구나 A후보자가 될 것이라고 생각했다. 왜냐하면 A후보자는 명문대학 졸업자이고 경력도 화려했으며 토익도 거의 만점에 가까운 후보자로 객관적인 평가로 볼 때 거의 합격이 확실시 됐었다. 이에 비해 B후보자는 졸업학교나 경력 등 모든 면에서 불리해 보였다. 그러나 결과는 정반대로 B후보자가 최종 합격됐다.

이에 대해 인사담당자의 답변은 아주 간단했다. 토익점수는 훨씬 낮았으나 미국적인 유연한 사고를 지녔으며 영어는 서툴지만 열심히 하려는 노력과 자신감이 돋보였다고 한다. 무엇보다도 자신의 이익보다는 조직의 일원으로서 동료와의 팀워크를 강조하는 개인적 인성부분에서 높은 점수를 받았다는 것이다.

이에 반해 A후보자는 굉장히 똑똑했으나 이기적이고 자신의 실력만 믿고 면접 준비를 너무 소홀히 했다는 것이다. 앞서 보듯 언어소통은 모든 조직에서 가장 중요한 요소 중 하나이며 미국식 언어문화는 한국식과는 아주 다르다. 어린 아이일 때부터 가정에서 학교교육에 이르기까지 토론에 의해 이뤄질 정도로 미국은 토론 문화가 발달한 나라다. 실제 기업에서는 모든 사안이 토론을 통한 합의에 의해 결론 내려진다. 그러한 미국기업에서 일하고자 하는 후보자들은 준비과정으로 몇 가지 훈련을 할 필요가 있다.

우리는 "잘 되겠지요 뭐"라고 하면 서로 고개를 끄덕이며 넘어가는 경우도 있지만 논리적인 미국인들에게 말할 때는 "저는 잘 될 거라고 생각합니다, 왜냐하면"하면서 그 이유를 말하고 끝맺어야 한다. 또한 대부분의 경우 대화나 서류를 보면 그 표현은 상당히 직설적이며 연역법이 사용되고 있다.

그 예는 이력서 쓰는 방식에서도 나타난다. 우리 이력서 양식에는 과거에서 현재의 순서로 이력을 쓰지만 영문 이력서에서는 현재에서 시작해서 과거로 간다. 미국인들은 서로 가까워진다 싶으면 존칭을 생략하고 이름을 부르며 친근하고 편하게 서로를 대하지만 공사는 분명하므로 보고의 체계는 분명히 존재한다. 한국기업보다는 자유로운 분위기이며 형식이나 상관에 대한 예절보다는 각자가 맡은 업무에 따르는 성과로 평가된다.

4) 인터뷰 유의사항

미국기업과의 인터뷰가 정해졌을 때는 다음 사항을 유념할 필요가 있다. 우선 다른 어느 나라 사람보다도 '시간은 돈'이라는 개념이 확실하므로 인터뷰 시간을 철저히 지켜야 한다.

인터뷰 중에는 본인의 생각을 말할 때 "그렇다" "아니다"라고 분명한 태도를 보이는 것이 좋으며 말을 얼버무리거나 곤란한 표정, 웃음으로 표현하는 것은 금물이다. 그들은 협상을 시작하자마자 자신의 입장을 분명히 하고 상대방과 서로 입장 조율하기를 좋아하며 상대방이 입장을 분명히 하지 않으면 불안해한다.

강한 인상을 심어 주는 것이 유리하되 겸손하고 친절한 태도는 국적을 막론하고 호감을 살 수 있다. 한 번 결정된 계약 내용에 대한 변경이 불가하므로 계약시 보너스, 휴가와 같은 복지수준 등을 꼼꼼하고 세밀하게 따져보는 것이 필요하다.

5) 평가기준

미국기업에서는 기업 이익을 위해서 필요하다고 판단되는 사람은 적극적으로 스카우트한다. 그들이 판단하는 기준에 있어서 과거의 학력 및 경력을 평가에 감안하는 것은 다른 기업과 차이가 없다. 하지만 후보자의 잠재력에 비중을 둔다. 자신들의 기업에 와서 그 동안의 경력을 바탕으로 적극적인 자세로 일하면서 발휘할 역량을 예상해 평가하는 것이다.

국내기업에서 일하면서 훌륭한 기안을 만들었어도 상급자들을 거치다가 사장되는 상층구조로 인해 업무의욕을 상실하거나, 형식이나 절차보다는 자유로운 분위기에서 의욕적으로 일하고 성과에 대해 합리적인 평가를 받는 환경에서 일하고자 하는 적극적인 성격을 가진 사람은 외국계 기업에 지원해 볼 만하다.

채용시장 전망 – 통신 · 식품 · 방카슈랑스업 활발

한국기업과 마찬가지로 외국계 기업도 2008년 채용인원이 감소될 것으로 예상된다. 하지만 어떤 상황에서도 기업에 필요한 인재 채용은 불가피하므로 그 전망이 어둡지만은 않다. 산업군 별로는 정보통신 분야 중 이동통신 및 무선분야, 소비재나 제약분야에서는 식품관련 회사나 전문의약품을 생산하는 기업, 금융부문에서는 방카슈랑스에 관련된 기업에서 경력직원 채용이 활발할 것으로 예상된다. 후보자들은 위에서 언급한 외국계 기업 채용패턴 및 기법들을 면밀하게 살펴서 언제라도 실전 인터뷰에 응할 수 있도록 실력을 쌓으며 준비를 철저히 하면 기회는 올 것이다. 또한 후보자들의 경력관리에 최선을 다하고 있는 Executive Search Firm(일명 헤드헌팅회사)을 파트너로 인식하고 도움을 요청하는 것도 한 방법이다.

입사자 취업 성공기 – "만족한 대우, 열심히 일하기 나름"

"만 5년간 프랑스회사에 근무하면서 나름대로 인정도 받고 안정된 회사생활을 해왔다. 하지만, 장기적인 커리어를 생각할 때 좀더 비전 있는 직장을 찾아야겠다는 생각에 5년차가 되던 해부터 적극적으로 새로운 직장을 알아보기 시작했다. 그러던 중 미국계 경영컨설팅 회사에서 설립한 한국지사에서 직원을 모집하는 신문광고를 보고 이 회사의 Back office staff position에 지원을 결심하게 됐다. 그러나 이 회사는 지원 당시 막 설립된 회사였고 나는 유일한 Back office staff이었기 때문에 그야말로 리셉션부터 회계, 총무까지 아우르는 회사의 모든 업무를 감당해야 했다. 이후 약 2년간 잦은 야근 및 주말근무를 했지만 그에 상응하는 제안을 회사로부터 받게 됐다. 그간 해왔던 여러 가지 잡다한 일에서 벗어나 본격적인 회계업무를 맡아보라는 것이었다. 회계와는 전혀 관련없는 영문과를 졸업한 나로서는 좀 무리인 듯한 제안이었지만 앞으로 비전과 2년간 근무를 통해 회계업무가 적성에 맞다는 것을 알게 돼 도전해 보기로 했다. 그 후로부터 약 6년이 지난 지금까지 회계업무를 주로 맡아보며, 그 외 회사의 전반적인 행정 및 Back office staff에 대한 인사를 담당하고 있다.

지난 8년간을 돌이켜보면 열심히 일하고 능력을 보여주는 만큼 회사는 그에 대한 보수 및 대우를 해주는 것이 미국회사의 장점이 아닌가 싶다. 직원의 연봉을 책정할 때 미국회사는 학벌, 나이 등 조건 보다는 철저한 Performance Evaluation을 통해 회사에서 있어야 될 사람, 내보내야 할 사람을 정하고, 전자의 경우 본인이 즐겁게 일할 수 있을 만큼의 연봉을 책정한다. 승진 역시 Performance 위주이고 근무기간은 거의 고려대상이 안될 만큼 능력을 최우선으로 여긴다."

3. 일본계 회사 공략법 - 기업문화 이해 폭 넓혀야

일본계 회사를 공략하는 것은 일본 기업의 조직 문화를 이해하는 것으로 첫 단추를 끼울 수 있다. 한국기업도 조직 내 가치관, 신념, 의식 등 조직문화라는 것을 가지고 있듯이 일본기업 또한 마찬가지다. 조직문화는 기업의 장래와 개인의 장래에 커다란 영향을 미친다고 할 수 있다. 때문에 기업의 조직문화를 아는 것이 취업 후 후회하지 않는 직장생활을 가능케 한다. 조직문화를 아는 방법은 인터넷이나 잡지 등의 매스컴을 이용한 조사와 좀 더 적극적인 방법으로 실제 근무 중인 직원을 만나 인터뷰하는 방법이 있다.

1) 기업 특성

회사에 정열을 쏟아 붓는 것이 멋있다는 사회 분위기를 반영하듯 일본 기업에서는 "죽지 않을 정도로 열심히 하세요"라는 말을 종종 들을 수 있다. 따라서 일본 직장인들은 자신에게 맡겨진 일을 충실히 행할 뿐 아니라 자신감을 가지고 업무를 수행하는 것을 많이 볼 수 있다. 맡겨진 일을 충실하게 하는 분위기, 일단 맡겨진 것에 대해서는 일임하는 분위기는 장인정신이 투철한 일본 기업문화를 보는 단면이 될 수 있다. 또 직장 내 역할 분담을 철저히 하고 거의 월

권행사를 하지 않는다는 점도 일본 기업의 두드러진 특징 중 하나다. 철저한 업무 책임감에 비중을 두고 있는 일본 기업문화는 어쩌면 다이내믹한 업무 스타일이 결여된 듯이 보이기도 한다.

하지만 이런 업무 스타일은 일반적으로 일본인들이 타인을 의식하며 행동하는 행동양식에서 기인한다고 볼 수 있다. 일본기업에 근무하는 경우 대부분 정사원의 근무형태가 많다. 임금 수준은 상당한 경력자를 제외하고는 대졸 초봉(일본내 취업시 20만 엔 전후, 한화로 200만 원)을 받는다고 볼 수 있다. 물론 한국 내에 진출한 일본기업의 초봉은 국내 대기업을 상회하는 수준의 회사도 많다. 하지만 경력자가 대다수인 점, 외국회사로서의 매력은 높은 급료라는 현실을 반영하고 있다는 것도 명심해야 한다.

2) 채용패턴

일본 기업 채용패턴에는 일본 현지취업과 국내 진출 일본기업의 국내 취업이 있다.

- 일본 현지 취업

우선 일본 현지 취업은 국내의 경우와 크게 다르지 않겠지만 정보의 수집 여부에 따라 결과가 크게 달라질 수 있다. 정보 수집은 대학 내의 유학생 센터를 통해 유학생을 채용하고 있는 기업정보를 얻을 수 있다. 또 일본에서 활발한 리크루트 사이트(www.recruitnavi.com)등에 적극적으로 응모하는 방법도 활용할 만하다.

3) 평가기준

채용 때 가장 우선시 하는 것은 일본어 실력이다. 특히 IT관련 직종의 엔지니어를 제외한 무역 등 인문 계통의 경우 일본어 실력이 합격에 절대적인 영향을 미친다. 따라서 면접 때의 일본어 표현과 이력서상의 지망 동기 등은 합격과 불합격을 가르는 잣대가 될 수 있다는 점에 유의해야 한다. 또한 일본기업은 일에 대한 의욕, 자세 등을 직원 채용의 중요한 요소로 보고 있다. 이런 면들을 단적으로 보여주는 이력서 글씨체나 지망 동기, 면접시 자세 등 세심한 부분까지도 신경을 써야 한다.

4) 필요한 자질

일본기업이 원하는 자질은 개인 능력보다는 조직에 영향력을 미칠 수 있는 능력이 있는가를 따진다. 따라서 일본기업은 조직의 의향에 따를 수 있는 직원을 필요로 한다. 최근 연공 서열이 무너지고 개인 능력이 중시되고 있지만 일본기업 역시 조직과 함께 생산성을 올릴 수 있는 직원을 먼저 채용하고 있다. 또한 조직과 함께 잘 해 나갈 수 있는 이런 마인드적인 능력 외에 일본기업이 원하는 기술적 능력(Technical Skill)도 있다. 이것은 일본기업의 특성에 따라 결정된다. 특별히 한국인을 필요로 하지 않는 기업은 일본인 대학 졸업자와 같은 능력을 요구한다.

영어, 수학, 국어(일본어)와 상식 외에 최근에는 적성검사(SPI)도 거의 빠지지 않고 평가하는 항목이다. 전략적으로 한국인을 고용하려는 기업은 상황이 다소 다르다. 일본 문화를 수용할 수 있는 일본어 언어구사 능력과 워드, 엑셀, 파워 포인트 등 컴퓨터능력, 무역실무 등 관련 업무 경력사항을 꼼꼼히 살펴본다. 특이한 것은 경력체크 사항 중에 정사원으로 근무한 기간 등을 본다는 것이다. 이는 조직 생산성을 따지는 일본기업 문화 특성상 임시직은 조직력이 떨어진다고 판단하기 때문으로 보인다.

다국적 기업인 경우, 영어(필기와 면접) 테스트는 필히 보는 편이다. SONY 등이 영어 시험을 보는 대표적인 기업이다. 모집하는 분야는 최근 부쩍 늘어난 IT관련 업무와 한국관련 업무를 두고 있는 회사의 영업관련 부서가 압도적이다. 물론 지방자치제가 잘 발달되어 있는 일본 지방관청의 국제교류센터 등도 외국인 직원(물론 한국인 포함)을 종종 채용하고 있다.

5) 한국내 일본기업 취업

(1) 평가기준

한국 내 일본기업 취업은 일어, 영어 등 어학능력과 면접이 성패를 좌우한다. 물론 서류와 면접만으로 뽑는 경우도 많고 이런 경우, 일본인 스태프의 판단이 합격, 불합격을 결정하는 바로미터가 된다. 필기시험이 있는 경우도 마찬가지다. 따라서 일본인 스태프의 취향이라는 것도 무시할 수 없는 중요한 요소다. 일본 기업에 취직하려는 구직자를 위해 기업의 채용 결정권자의 취향을 살펴보는 방법을 몇가지 소개한다. 우선 기존의 한국인 스태프를 만나 볼 것을 권하고 싶다. 이를 통해 면접관에 대한 개인적인 정보(취향)를 알 수 있고, 최선을 다하는 열의와 성의를 보여줄 수 있다.

지원 기업의 최신 경향이나 앞으로의 사업구상 등에 대해 자기나름의 의견이나 보고서를 제출하는 것도 진지함을 보여주는 방법이다. 자사 직원이 아니더라도 회사에 대한 관심을 보여주는 사람에게 애정이 가는 것은 일본기업 실무자라고 다르지 않기 때문이다. 실제로 일본에서는 취업 희망자가 관심 있는 회사에 근무하는 자신이 나온 출신교의 선배를 찾아가는 채용 문화가 있다. 한국이라고 해서 지원하는 회사의 선배를 못 찾아 갈 것은 없다. 출신교가 다르다고 해도 작은 관심을 보여주는 것이 필요하다. 일본기업의 사고방식은 조직 구성원의 업무 기술도 중요하지만 최선을 다하는 열의와 성의에 더 높은 가치를 부여하고 있다는 것을 주목할 필요가 있다. 실례로 한 일본기업의 영업소장은 "기술은 쌓기가 용이하지만, 열의는 쌓기가 용이하지 않다"는 말로 열의에 대한 가치를 높게 평가했다.

(2) 모집분야

주로 채용하는 분야는 소규모 지점이나 한국 내 법인인가에 따라 차이가 있고 그 규모에 따라 다르다. 소수의 인원으로 운영되는 지점일 경우, 아는 인맥을 통한 소개 형식의 특채가 많다. 하지만 지원하는 회사가 있다면 꾸준히 전화와 편지 등으로 자신을 어필하는 것이 좋다. 실제 이런 반복적인 어필을 통해 채용된 사례도 있으므로 포기하지 말고 도전할 것을 권한다.

(3) 일본기업의 장단점

마지막으로 일본계 기업과 한국기업의 차이점을 비교해보자. 일본기업은 개인의 능력을 최우선으로 생각하는 것 뿐 아니라 회사의 생산성을 고려한 조직과 개인의 관계 등을 치밀하게 생각한다. 조직에서 능력 발휘도에 따라 배치를 하며, 그런 연후에 교육에 투자한다. 이러한 프로세스 자체가 자기계발에 큰 도움이 된다고 일본기업은 생각하고 있다. 특히 이런 것을 대기업만이 아닌 중소기업에서도 실행한다는 점에서 일본기업의 강점이 돋보인다. 그래서 일본기업의 인터뷰 내용도 주로 사원과 간부간의 관계, 고객과의 관계, 역할지향인가, 과제지향인가 등 조직과 관련된 질문이 많은 편이다. 굳이 일본기업의 단점을 든다면, 문화 마찰 정도다.

구체적으로 말하자면 아이들 사회에서 찾아볼 수 있는 '이지메'가 아이들 세계만의 문제만은 아니라는 것이다. 한국기업에서는 보기 힘든 이 현상은 '능력과 조화' 라는 말로 해결이 가능하다. 일본기업 문화는 개인이 자기가 맡은 일도 잘 처리하면서 조직과 개인과의 원활한 조화를 원하고 있다. 너무 개인 능력만 믿고 혼자 튀다보면 집단 따돌림을 받을 수 있다는 것을 명심해야 한다. 따라서 어느 정도까지 일본기업과 일본 문화를 이해할 것인가를 미리 결정해 놓는 것도 일본계 회사 생활에 전념할 수 있는 테크닉이라고 할 수 있겠다.

(4) 이력서 & 면접 공략법

다음은 일본기업 취업을 위해 알아두면 유용한 이력서 전형과 면접 공략법이다. 최근 이력서를 인터넷상에서 주고받는 경향이 있지만, 특별히 회사 측에서 인터넷상 송부를 원하는 경우를 제외하고는 만년필로 정서한 후 직접 우송하는 것이 좋다. 사진도 디지털 데이터가 아닌 현상된 사진으로 한다. 이력서 내용은 솔직하고 상세하게 써야 한다. 지망 동기는 갑자기 이런 분야에 관심이 생겨서가 아니라 지금까지 학력과 경력을 연관시킨 명확한 내용이 좋다. 또

고등학교 졸업 후 현재까지의 커리어(학력 또는 직장 경력)를 빈 공란이 없도록 빠짐없이 채운다. 예를 들어, 고등학교 졸업 후 현재까지 빈 연도가 있으면 면접관은 의구심을 가지고 질문 해 오는 것이 보통이다. 그래서 이력서는 솔직히 쓰고 오히려 빈 연도에 대한 질문이 있다면 '그동안 뭘 어떻게 했는가' 에 대한 신뢰감을 줄 수 있는 답변을 해야 '위기를 기회' 로 활용할 수 있다. 면접에 임했을 때는 자신의 능력을 과신하는 표현은 삼간다.

예를 들어, "그런 거 다 할 수 있습니다" 등의 표현은 자신감이 지나쳐 때로는 오만한 태도로 보일 수 있다. 또한 집단토론의 경우, 상대방에게 질문하는 등의 진행은 높은 점수를 받을 수 있다. 면접 시에 좀 더 점수를 따는 방법으로는 신중함을 보여 줄 수 있는 목소리 톤을 유지하는 것을 들 수 있다. 또 말을 할 때 머리를 끄떡이는 것 등의 조화도 면접관인 일본인 스태프에게 친숙감을 줄 수 있는 기술이다.

또 역할 분담을 뚜렷하게 하는 일본인 행동 양식상 수험생과 면접관이란 확실한 역할의 경계를 가지고 있다. 때문에 "성실한 역할을 수행하는 면접관"에게 "진지하고 성실한 태도의 수험생"을 의식한 행동(연기를 해도 좋다)을 보여주는 것도 중요하다.

4. 영어 인터뷰 성공기

뻔한 질문에 능숙한 답변 "I' m OK"

영어 서류전형을 통과하고 난 후에는 영어 면접의 관문이 기다리고 있다. 인터뷰 준비를 하는데 있어 중요한 것은 역시 나를 정확히 파악하고 또 그 회사에서 원하는 인재가 어떤 것인지를 정확히 파악하는 것이다.

1) 질문의 의도를 파악한다

모든 질문에는 겉으로 묻는 것에 대한 답 외에 면접관의 질문하는 의도가 있다. 그것을 파악한다.

2) 간결하게 답하고 설명을 덧붙인다

결론 또는 답변의 요지를 먼저 말하고 설명을 붙인다.

다음은 취업전선에 뛰어드는 신입 구직자들에게 던지는 단골 질문 중 가장 필수적이고 실수하기 쉬운 질문 6개에 대한 의도와 모범답안이다.

모범답안을 통해 어떤 답이 긍정적으로 받아들여지는지 파악하고 자기만의 답안을 마련하기 바란다. 6개 단골 질문은 국내 인사담당자에게 설문하여 가장 빈번하게 묻는 질문을 추려낸 것이다.

(1) Tell me about yourself

조언 : 단연코 단골 질문이라 할 수 있다. 이 간단한 질문에 의외로 많은 사람들이 힘들어 한다. 왜냐하면 너무 많은 것을 말하려고 하기 때문이다. 따라서 이 질문에는 다음 4가지를 각각 간략하게 말한다.

가. 학력 : 최종학력, 전공, 그 외 특별한 자격증 및 수료과정에 대하여

나. 경력 : 신입자의 경우 경력이 없다면 인턴 경력, 아르바이트 경력에 대하여

다. 성장 배경 : 성장 배경이나 가족의 특징 및 분위기 등에 대하여

라. 현재 상황 : 구직 중이라면 현재 어떻게 소일하고 있는지에 대하여

모범답안

I was brought up in Taegu until I moved to Seoul to enter university. I have 4 brothers and 2 sisters and I am the youngest son. I graduated from ○○○ University last year, majoring in library science. While I was in school, I had the chance to work as a librarian on campus for 2 years. I am currently working in a city library as I seek for full time employment.

위의 답은 몇 줄 되지 않지만 면접관이 궁금해 할 사항을 많이 내포하고 있다.

본 질문의 의도는 본인이 얼마나 조리있게 본인의 특징에 대하여 말할 수 있는지를 보는 것이다. 따라서 너무 많은 것을 말하려는 실수를 하지 않도록 한다. 많은 사람들이 시시콜콜한 가족 얘기, 예를 들면 내 동생은 어떤 일을 하고 우리 언니는 결혼했으며 등으로 2~3분씩 자기 소개를 늘어놓는 실수를 저지른다.

(2) What do you know about our organization (company)?

조언 : 여기서 면접관의 의도는 과연 우리 회사에 대하여 어느 정도의 관심이 있는지 여부이다. 어떤 회사라도 그 회사에 관심을 가지고 있는 후보자를 채용하고 싶어 한다. 따라서 단순히 월급이 많아서 등 막연한 이유로 이 회사에 지원하는 것이 아닌 나름대로의 명확한 이유를 가지고 있는지를 확인하는 질문이다.

이 질문에는 이 회사에 대하여 알고 있는 긍정적인 부분을 1~2가지 언급한다. 그리고 그 부분이 왜 본인에게 어필하는지를 말한다.

모범답안

Before an applicant to your company, I am a satisfied

customer of your products. I have been using your shampoo, soap and lotion. I also like the fact that your company is very concerned about environment. This is the main reason why your company appeals to me so much.

한국인의 정서로 볼 때 아부하는 것 같지만 좋은 말을 들어서 싫어할 사람은 없다. 더욱이 회사에 대한 관심을 나타내는 것이므로 면접에서 확실히 점수를 얻을 수 있는 답이다. 특별히 아는 것이 없다거나 단순히 큰 회사라는 것, 안정적인 회사라는 것만을 말한다면 굳이 당신을 채용할 이유가 없을 것이다.

(3) Why are you applying for this position?

조언 : 직역하면 "어떻게 이 포지션에 지원하셨죠?" 이다. 지원 동기를 묻는 질문이다. 지원 동기를 크게 한 두가지로 요약해서 지원 타당성을 부여한다. 물론 여기에서 조금 더 자기 경력에 대해 간단한 설명을 할 수도 있다.

모범답안

Let me start by saying that it has been a long dream of

mine to work for ABC Corporation. First of all, your company mission statement that emphasizes humanity and social work impressed me very much. I read the book written by the CEO when I was in university, and I thought this is the company that I want to be with. Secondly, I believe my academic and professional experience in marketing fits your requirement well. I studied marketing in university and began my career in XYZ Company as a marketing assistant. Two years of experience will be of service here. That is the reason I want to be with, and I believe that I fit the qualification description very well.

이 답안은 지원동기를 두 가지로 잡았다.

첫째는 회사의 비전이 휴머니티와 사회봉사를 강조한다는 것이 매력적이었다는 것, 둘째는 본인이 채용공고에 나온 자격조건에 딱 맞는 사람이라는 것이다.

오랫동안 이 회사에서 일하고 싶었다는 것으로 시작해서 첫째, 둘째 이유를 들어주고 마지막에 다시 결론을 내려준다.

(4) Why should I hire you?

조언 : 직역하면 "내가 당신을 왜 채용해야 합니까?"이다. 따라서 잘못 받아들이면 "아, 나를 채용할 마음이 없구나. 그럼 채용 안 하면 그만이지 왜 이런 어려운 질문을 하는 거지?"라고 생각하기 쉽다. 하지만 의역하면 "다른 후보자에 비하여 당신이 어떻게 다른지 한 번 말해보시오"라는 질문이다.

"당신이 마음에 들며 채용하고 싶은 생각이 있지만 본인 입으로 왜 당신을 채용하는 것이 우리에게 득이 되는지 말해보시오"라고 받아들여도 된다. 이때는 본인의 장점, 기여할 수 있는 점을 시원하게 그리고 자신감을 가지고 말한다.

모범답안

As you must have seen on my resume, I have 3 years of homepage production experience while I was in school. With my hands on experience and educational background, I know I can contribute to your team.

어떻게 그리고 왜 기여할 수 있는지를 말하고 있다. 막연하게 '할 수 있다'는 것보다는 '왜' 그리고 '어떻게'에 관하여 구체적인 답을 해야 한다.

(5) Tell me about your strengths and weaknesses

조언 : 이 질문 역시 본인의 장점을 피력할 수 있는 기회로 삼을 수 있다. 하지만 여기서 weakness는 어떻게 할 것인가. 단점이 없다고 한다면 그 교만함 자체가 단점이 될 것이다. 잘 모른다는 것도 그 무지함이 단점이 될 것이다. 그렇다면 이 질문의 의도는 무엇일까? 면접관이 알고자 하는 것은 후보자의 장단점과 그의 솔직함을 엿보기 위한 것이다.

모범답안

I believe I can say that I am good with people. I can make friends faster than most people and this is why I am always surrounded by friends. My weakness is that I usually take too much time before making any decision. But once I make the decision, I don' t look back and get on with the work.

특히 단점을 말할 때는 본인의 심각한 단점을 그대로 말할 수도 없고 그렇다고 무조건 미화할 수도 없다. 그래서 단점은 솔직히 말하되 그것이 심각한 결과를 초래한 적이 없다는 것과 그것이 장점으로 작용하기도 한다는 것을 부연 설명하는 것이 필요하다.

위의 예에서 보듯이 의사결정이 느린 것이 단점이라고 언급한다. 사실 의사결정이 느린 것은 다른 측면에서 보면 신중하다는 장점이 될 수도 있다. 그리고 그 대신 의사결정을 일단 내리면 그 다음에는 신속히 일을 추진한다는 것을 부연 설명하고 있다.

(6) What are your salary expectations?

조언 : 취업 면접 중 가장 민감할 수 있는 질문이며 특히 신입 구직자들이 가장 어려워하는 질문이기도 하다. 내가 회사에 기여할 수 있는 부분은 조목조목 잘 말하면서 정작 그 대가로 어떤 보상을 원하는지에 대하여 자신없는 모습을 보이거나 아무 생각이 없는 모습을 보이는 후보자가 비일비재하다. 먼저 지원하는 회사의 급여체계가 고정되어 있는지 개별 협상이 가능한지 여부가 중요하다.

외국인 회사라도 직급과 호봉별로 급여가 고정되어 있는 곳이라면 "보편 타당한 수준의 급여 수준에서 회사에서 제시하면 거기에 따르겠다"고 하는 것이 좋다. 그래도 액수를 말하라고 하면 정중하게 초임 수준이 어느 정도인지를 물어 보고 대답하면 된다. 만일 조직이 작거나 유연하여 연공 서열이 아닌 능력에 따라 급여의 폭이 클 수 있는 곳이라면 더욱 조심할 필요가 있다. 터무니없이 많은 급여를 요구하면 당신의 논리성을 의심받을 것이고 그렇다고 주는 대로 받겠다고 하면 스스로를 너무 헐값에 팔아 버릴 수도 있기 때문이다. 따라서 무작정 "I wish to get 30 million won as an annual income" 하는 대신 먼저 "What is your pay range for someone in this position with my background?"라고 물어 당신이 어느 정도 수준으로 받을 수 있는지를 확인하고 난 후, 그 수준보다 약간 높게 불러도 무방하고 그 'range'가 무난하면 그 사이의 금액을 요구하면 된다.

모범답안

To me, the what I do is much more important than I will make at your company. As for the salary….

면접을 대비하여 예상되는 질문 중 불과 6가지의 질문을 다루었다. 위의 6가지 질문은 매우 중요하며 그 6가지에서 파생되는 질문이 다양하게 나올 수 있다. 위 질문에 대한 자기만의 답변을 만들어 보길 바란다.

영어실력과는 무관하게 영어 면접은 누구에게든지 큰 스트레스로 작용한다. 사회 초년생들이 항상 궁금해 하는 것은 영어 면접은 도대체 어떤 형식으로 이뤄지는가 하는 것이다. 정해진 영어 면접 유형은 없다. 한국인 인사담당자가 한국말로 면접을 하다가 영어 커뮤니케이션 능력을 보기 위해 몇 가지 질문을 영어로 물어보는 형식도 있고 한국어 면접은 다 끝난 상태에서 외국인 매니저와 대면 또는 전화 면접을 하는 경우도 있다. 대부분 외국인 매니저들이 보고 싶어 하는 것은 영어 커뮤니케이션 스킬과 인성이다.

다음은 면접할 때 주지해야 할 사항들이다.

① 자신감을 보여준다. 물론 어렵겠지만 어떤 자세와 표정이 자신감 있어 보이는지를 연구하고 연습한다. 가장 좋은 방법은 실제로 편한 마음으로 가는 것이다.

Interview라는 말을 보자. Inter(상호), View(보다, 서로 살펴본다)는 말이다. 그쪽에서도 나의 가능성을 보는 것이고 나도 내가 몸담고 있을 조직으로서의 가능성을 보는 기회다. 취조를 당하러 가는 것은 아니다. 다음의 행동들을 익히면 자신감을 나타내는데 유익할 것이다.

- 눈을 쳐다보고 얘기한다.

사실 요즘 젊은이들은 눈을 쳐다보고 이야기 하는 것을 참 잘하는 편이다. 외국 사람들과 이야기할 때 눈을 맞추고 이야기하지 않으면 거짓말을 하고 있다는 인상을 주기 때문에 중요하다.

- 자세를 바로, 허리를 펴고 말한다.

면접장은 사실 움츠러들기 쉬운 장소다. 그렇지만 인터뷰에서만큼 자세를 바로 해야 하는 장소도 또 없을 것이다. 바른 자세는 자신감 있어 보이게 하는 것 외에도 사람을 커 보이게 한다. 커 보이면 쉽게 얕잡아 보지 못하게 하는 방법이 될 수 있다.

- 큰 목소리로 또박또박 말한다.

집에서 큰소리로 말하는 발성연습을 해보자. 인터뷰에서 자신의 목소리가 기어들어간다고 생각되면 다시 한 번 발성연습 하던 것을 상기시키고 목소리를 크게 또박또박 말해본다.

- 밝은 얼굴로 반갑게 인사한다. "How are you?" 라고 물었는데 별말 없이 멀뚱멀뚱 쳐다보는 것은 실례다. 무슨 말일까 싶겠지만 의외로 반갑게 인사하지 않는 사람들이 많다. 긴장을 풀고 밝은 얼굴로 들어가서 인사를 하자. 어떤 경우에 면접관이 바로 전날에 홍콩이나 미국에서 비행기 타고 온 경우도 있을 것이다. 이런 것을 알고 있을 경우 "How was your flight? I heard you flew in yesterday." 라고 말을 꺼내서 인터뷰가 시작될 때 small talk로 면접관과 유대관계를 쌓도록 한다.

② 준비한 모습처럼 좋아 보이는 것은 없다. 다음은 준비한 모습을 보여주는 것들이다.

- 시간은 넉넉하게 맞추어 가되 15분 전에 면접할 회사로 간다.

- 이력서 한 부, 기타 증명서류 등을 가져 간다. 있을 수 없는 일로 생각되겠지만 사실 인터뷰를 갔는데 면접관이 후보자의 이력서를 잃어버린 경우, 또는 잠시 가지고 있지 않은 경우가 있다. 이력서를 앞에 두지 않고 면접하는 것은 매우 힘든 일이다. 이력서와 졸업증명서 등의 서류는 항상 가지고 간다.

- 회사에 대한 정보, 인재상과 지원하는 포지션에 대한 정보를 여러 방면으로 알아본다.

- 인터뷰라는 상황에 맞는 깔끔한 모습으로 간다.

③ 적극적인 모습을 보인다. 구애작전을 펴는데 적극성이 떨어진다면? 다음은 적극성을 보여주는 모습이다.

- 인터뷰 중에 얼마나 이 포지션을 원하는지에 대해 말한다. 인터뷰를 마무리 지으면서 면접관이 더 할말 없는지, 아니면 질문이 없는지를 대부분 물어본다. 이 때, 공손한 태도로 그냥 "없습니다"라고 말하는 사람이 많은데 다시 한 번 이 포지션을 원한다는 것을 말해주는 것이 좋다. '말을 하면 할수록 실수를 하기 때문에 될 수 있으면 많이 하지 않는 것이 좋다는 말에 대해 어떻게 생각하느냐'고 한 구직자가 물어온 적이 있다. 내 대답은 구애작전을 펼 때 애정표현을 하지 않고 상대방이 내가 그 사람을 얼마나 좋아하는지

알아주길 바라는 것은 어리석은 일이라는 것이다. 다음과 같이 말을 하면서 인터뷰를 마무리 지을 수 있다.

"I would like to mention one more time that I would really like this opportunity to work with you. And as I said, I have the qualifications that you are looking for, and I am a very hard working person. I am sure I will be a great addition to your company."

- 인터뷰 후에 감사 e메일이나 편지를 보내서 나의 존재를 한 번 더 각인시킨다. 인터뷰 후 집에 와서 실수한 것을 생각하면서 잠을 못 잤다는 얘기를 들은 적이 있다. 물론 실수를 할 수도 있다. 만약에 실수를 했다면 잠 못자고 괴로워하지 말고 Thank you letter를 써 보자.

이 편지에 1) 인터뷰 기회를 준 것에 대한 감사 표시 2) 혹시 실수한 것이 있으면 그에 대한 해명 3) 꼭 이 포지션을 원한다는 의지를 밝힌다. 이런 편지는 면접관에게 나의 존재를 한 번 더 각인시킬 수 있는 기회이며 어떻게 보면 한 번 더 말할 기회를 갖는 것으로 적극 활용하도록 한다. 서구에서는 보편화되어 있는 관습이나 국내에서는 아직 많이 쓰고 있지 않다.

뒷마당

06
뒷마당

1. 나를 업그레이드 하는 방법

부연 설명은 앞에서 많이 나왔으므로 여기서는 총정리하는 기분으로 요점만 정리한다. 자주 읽고 기억하고 외워두면 유용하게 쓸 수 있는 핵심들이다.

1) 사람을 다루는 기본적인 기술

- 비난이나 비평 · 불평하지마라.
- 칭찬과 감사를 하라.(솔직하고 진지하게)
- 사람들의 열렬한 욕구를 불러 일으키자.

2) 사람에게 호감을 사는 6가지 방법

- 다른 사람에게 순수한 관심을 기울여라.
- 항상 미소를 지어라.
- 이름을 기억하고 불러주어라.
- 자신에 대해 말하도록 하고 경청하라.
- 상대방의 관심사에 대해 이야기하라.
- 상대방으로 하여금 중요한 느낌이 들게 하라.

3) 자신의 의도대로 사람을 설득하는 방법

- 상대방의 관점, 입장에 서라.
- 상대방의 생각이나 욕구를 공감하라.
- 아이디어가 자신의 것임을 느끼게 하라.
- 논쟁을 피하라.
- 절대로 '당신이 틀렸다' 고 말하지 말라.
- 잘못은 즉시, 분명한 태도로 인정하라.
- 보다 고매한 동기에 호소하라.
- 당신의 생각을 적극적으로 표현하라.

- 도전의식을 불러일으켜라.
- 우호적인 태도로 말을 시작하라.
- 상대방으로부터 "YES"를 이끌어 내라.
- 상대방으로 하여금 많은 이야기를 하게 하라.

4) 좋은 리더가 되는 방법 (리더의 임무는 사람들의 태도와 행동을 바꾸는 것이다)

- 칭찬과 감사의 말로 시작하라.
- 잘못을 간접적으로 알게 하라.
- 상대를 비평하기 전에 자신의 잘못을 인정하라.
- 직접적으로 명령하지 말고 요청하라.
- 상대방의 체면을 세워 주라.
- 동의는 진심으로 칭찬은 아낌없이 하라.
- 상대방에게 훌륭한 명성을 갖도록 하라.
- 잘못은 쉽게 고칠 수 있다고 느끼도록 하라.

[참고] 「카네기 인간 관계론」에서 정리한 것임.

2. 실패는 병가지상사 - 실패해도 실망할 것 없다

1) 구직활동 과정의 '복기'를 두라

아무리 괜찮은 사람이고 한때 무엇을 해도 잘 하는 사람이라도 구직 활동에서 항상 잘 되란 법은 없다. 구직 활동에 어느 정도의 시련은 있게 마련이다. 지금 겪고 있는 서류전형 불발, 면접전형 참패가 바로 그것일 것이다. 미래 고용주들이 모두 당신을 좋아할 수는 없다. 또 모두다 당신의 재능을 인정해 주지도 않는다. 예전에도 그랬고 앞으로도 쉽게 채용제의를 받지 못할 기업이 더 많을 것이다. 그렇더라도 실망하지 말라. 그런 일은 누구에게나 늘 일어났던 일이고 나에게만 특별히 닥친 일은 아니다.

일시적 실패에 연연하지 말고 자리를 털고 일어나 다음 회사의 다음 구직을 준비하자. 왜냐하면 다음 구직과정에서 똑같은 실패를 되풀이하지 않기 위해서이다.

(1) 실패 원인을 분석하라

바둑을 잘 두는 사람들은 대국 후에 다시 복기를 한다. 차분한 마음으로 다시 한 번 돌을 놓아보면서 대국과정의 잘못한 점을 반성하고 앞으로 비슷한 실수를 되풀이하지 않기 위한 전략을 세워본다. 이런 과정을 통해 바둑 실력은 더욱 발전하게 된다.이런 복기

과정은 성공적인 취업을 원하는 구직자들도 본받을 만한 자세다. 하지만 취업에 실패한 구직자들이 이런 과정을 거치는 이는 드물다. 이보다는 취업 운이 없었다, 차별이 너무 심했다, 회사가 나를 알아주지 않았다는 등 엉뚱한 핑계거리를 찾는다.

취업 과정의 복기, 즉 구직활동 과정의 재점검과 실패원인 분석은 실패의 반복을 막는 최선의 방법이다. 먼저 회사 선택과 지원시의 마음가짐은 어떠했나. 회사를 선택하는데 기업 규모에 현혹돼 대기업 위주로 편향된 구직활동을 하거나, 또 자신의 능력이나 성격은 무시하고 너무 눈높이를 높여 지원을 결정한 것은 아닌지 반성해 볼 필요가 있다. 또한 이력서 작성 과정이나 면접 과정도 따져봐야 한다.

(2) 긍정적인 자세를 가져라

취업 실패에 대한 원인을 분석하고 앞으로 취업 전략을 세울 준비를 했다면 부정적인 시각은 떨쳐버려야 한다. "또 떨어졌다. 벌써 몇 번째인가. 우울하다. 슬프다. 이젠 자신 없다…." 이런 감상적인 마음을 버리고 "나는 행복하다. 나는 최고다. 나는 내가 원하는 직장에 취업할 수 있다"는 긍정적인 생각을 갖도록 하자. 심리학자들에 의하면 사람은 마음과 표정만 바꿔도 강한 치료 효과를 낼 수 있다고 한다. 단순한 감정 조절 연습만 해도 엔돌핀이 돈다는 것.

자, 머리를 똑바로 세우고 어깨를 뒤로 쫙 펴고 얼굴에 미소를 지으면서 어떤 것이라도 잘 할 수 있다는 '긍정적인' 생각을 갖자. 그러면 다음 회사의 문을 두드리는 것에 자신감이 붙을 것이다.

(3) 이력서를 훑고 2차 이력서를 만들어라.

실패 원인을 분석해보니 이력서가 걸리는가. 만약 이력서가 걸린다면 이력서에 부족한 점이 있다는 것을 의미한다. 수많은 경쟁자 중 발탁되지 못한 원인이 숨어 있는 것. 최근 한 조사에서 이력서의 많은 항목 중에서 학력란이 입사에 결정적인 영향을 미친다는 연구 결과가 나왔다.

100개 주요 기업을 대상으로 실시된 한국교육개발원의 설문조사 결과, 서류전형에서 학력을 중시하느냐는 질문에 중시한다는 응답이 38.7%에 달했으며 중시하지 않는다는 23.4%에 그쳤다. 이처럼 이력서의 한 부분 한 부분이 희비를 가르는 블랙홀이 될 수 있다. 만약 학력으로 자신을 부각시킬 수 없는 구직자라면 다른 면모를 보여주어야 한다.

학력이 명문대에 미치지 못한다면 자신만의 중요한 경력을 집중 조명시키는 것이다. 외국어 능력을 강조하고 각종 사회활동과 경험을 강조해야 한다. 무심히 만들어 뒀던 1차 이력서를 매일 아침저녁으로 훑어보자. 반복해서 내용을 읽다보면 부족한 부분이 발견될 것이다. 또 어느 연도에서 정말 생각지도 못한 엑기스 경험이 되살아날지 모를 일이다. 그런 엑기스 경험을 접목시켜 지원하는 회사에 안성맞춤인 2차 이력서를 작성하라.

(4) 실패한 면접에도 배울게 있다.

실패한 면접도 그 속을 파고들면 배울 것이 있다. 즉 한 두 번 실패했다고 면접을 두려워해서는 안 된다. 실패한 면접을 통해 배울 수 있는 것으로 담대함과 자신감을 들 수 있다. 자신이 면접을 보게 될 직장과 업무, 면접관 등에 대한 자료를 수집했다. 하지만 인터넷을 뒤지고 인적 네트워킹을 총 동원해 철저히 자료를 마련하고 면접에 임했건만 엉뚱한 질문 앞에 당황하고 무너지는 자신을 보게 된다.

면접장을 나서면 불쾌했던 질문만 머리를 맴돌고 '어떻게 말했는지 기억조차 남아 있지 않은' 멍한 상태를 누구나 경험했을 것이다. 하지만 쇠붙이도 여러 번의 담금질에 의해 단단하게 단련되지 않는가. 면접을 보면 볼수록 당황스럽던 면접 순간도 여유있게 맞을 수 있는 자신감과 요령이 생겨난다. 오히려 이런 순간을 '나만의 기술'을 보여줄 절호의 기회로 생각하며 즐겁게 면접을 볼 수 있게 될 것이다. 하지만 지나치게 자만하거나 잘난 체하는 것은 도리어 감점이라는 것도 잊지 말아야 한다.

(5) 자신의 능력을 믿고 자신감을 가져라

취업 실패의 또 다른 원인은 자신이 정말 자격 있는 후보라고 생각하지 않는 지나친 겸손함에 있다. 자신이 선택한 분야에서 경쟁자가 우수했다는 것은 인정하지만 자신이 형편없다고 생각하는 자세는 버려야 한다. 즉 내가 쫓아갈 수 없을 정도로 우수한 사람들도 있지만 어떤 면에서는 나를 따라올 사람도 보지 못했다는 자신감을 가져야 한다. 적어도 내 분야에서 만큼은 능력이 있으며 좋은 직장을 스스로 찾을 수 있다는 자신감이 있어야 제2, 제3의 면접도 즐겁게 도전해 볼 수 있는 것이다.

구직은 '자기'라는 상품을 판매하는 것이다. 고객은 내가 지원한 회사다. 회사를 상대로 나를 판매한다고 생각하라. 상품에 흠이 있다면 고객은 사지 않을 것이다. 조금 부족한 기능이 있다면 노력을 통해 충족시켜야 한다. 그래야 팔고 싶은 회사에 자신을 판매할 수 있기 때문이다. 이런 긍정적인 자세는 자신감에서 출발하고 이런 자신감이 입사라는 문을 여는 열쇠인 셈이다.

(6) 초심으로 시작하자

앞서 자신의 잘못과 부족한 점을 다시 한 번 반성했다면 앞으로의 전략을 다시 세우기 위해 초심으로 돌아가자. 어제의 실패가 내일의 실패를 확언하고 있는 것은 아니기 때문이다. 오늘 내가 어떻게 하느냐에 달려 있다. 이런 자세를 유지한다면 취업 성공은 크게 어려운 일이 아닐 것이다.

처음 대학을 들어가고 취업을 준비했을 때의 마음을 떠올려 보자. 영어책을 보는 것도 자격증을 따기 위해 밤을 새우던 것도 예사롭게 하지 않았다. 이력서를 쓸 때는 얼마나 정성스럽게 작성했던가. 그때는 열심히 하면 원하는 직장을, 직업을 얻을 수 있다는 희망이 원동력이 됐다. 그 원동력을 다시 떠올리자. 백수로 남고 싶은 것은 아니지 않는가.

자, 그럼 이 책의 첫머리로 다시 돌아가자. 구직활동 단계로 돌아가도 된다. 원점에서 새롭게 구직활동을 위한 10주 플랜을 짜볼 수도 있다.

3. 잘못된 자기 소개서 유형

"저는 부산 사직동에서 74년 태어났습니다"

이런 식의 구태의연한 자기소개서는 버려라. 취업준비생들이 타산지석으로 삼을 만한 잘못된 자기소개서의 대표적인 유형들을 소개한다.

▶ FM형

'저는 부산 사직동에서 1974년 2월에 1남 3녀의 막내로 태어났습니다. 직업군인이셨던 아버님은 엄격함으로 이끌어주셨으며…'

→ 틀에 박힌 자기소개서는 식상하다. 신입이라도 채용 담당자들은 정형화된 타입보다는 자신이 지원한 분야와 관련 있는 업무능력 중심으로 화두를 잡으라고 조언한다. '신입 경력자'가 되라는 주문이다. 유년 시절의 일화나 가족 이야기는 인상적인 것만 서술한다.

▶ 백화점형

'대학에서 저는 벤처창업 동아리, 여행 동아리와 영어 회화반 및 경영학과 학회활동 등을 경험했으며 …'

→ 쭉 나열하고 '이중 하나쯤은 걸리겠지' 하는 생각은 큰 오산.

기업들은 팔방미인 보다도 하나의 분야에 집중된 전문가를 더 선호한다. 꼭 필요한 내용은 담고 불필요한 부분은 과감하게 삭제한다.

▶ 역사책형

'1987년 한국고등학교를 졸업하고 동년 한국대학교 영문과를 입학했습니다. 재학 중 90년부터 92년까지 강원도 철원에서 군복무를 수행했습니다. 또 94년에는…'

→ 연도별 자기소개서도 낙제. 지원하는 회사와 연관된 부분만 부각시켜 자기가 왜 그 업무에 적임자인지를 설득해야 한다.

▶ 오버형

'비록 제가 능력은 부족하지만 일할 수 있는 기회를 주신다면 이것을 저의 주어진 숙명이라 여기고 어떠한 일이라도 최선을 다하겠습니다.'

→ 충성 맹세형 소개서도 금물. 조직에 대한 몰두와 헌신성이 채용에서 무시할 수 없는 중요한 기준이지만 요즘은 조직에 대한 단순 헌신형보다 비판적 창조형이 인정받는다.

〈부록 1〉

'식은땀 흘렸던' 면접 질문 다시 보기

얼마나 받고 싶으세요?

일선에서 취업상담을 하고 있는 취업전문가들이 말하는 취업준비생들이 면접장을 나오면서 가장 아쉬워했던 면접 질문들을 모아 봤다.

1. 자기의 셀링 포인트를 말해 보세요.

면접자의 80%이상이 더듬대는 질문이다. 내가 지원한 회사 업무와 연관된 생각이 중심이 돼야 한다. 그 밑바탕에는 자신의 슬로건이 담겨있어야 한다.

자신있게 어떤 직무에 있어 전문가적인 자질이 있는 유능한 사람임을 내세워야 한다. 특히 업무 관련 유사한 성공체험이 있다면 면접관에게 강한 인상을 심어줄 수 있다. '00분야 전문가를 목표로 하는 000입니다' 라는 형식의 출발이 무난하다.

2. 희망하는 연봉 수준은 얼마인가요.

자기의 셀링 포인트를 말해 보라는 질문처럼 가장 기본적인 질문 중 하나다. 하지만 면접자들이 또한 답변하기 가장 곤란해 하는 질문 중 첫 손가락에 꼽는 질문이다.

희망 연봉에 대한 답변은 입사 당락을 결정지을 만큼 면접자에게 아주 중요한 질문이다. 면접에 응시하기 전에 반드시 지원하는 기업에 대한 임금 정보를 파악해 둘 필요성이 있다. 직접 인사부서에 신입이나 경력 연봉에 대해 문의해 보거나 선배 네트워크를 통해 체감적인 연봉 수준을 알아둔다. 가장 중요한 것은 자기 스스로 자신의 몸값을 정확히 책정해 놓아야 한다는 것이다.

덧붙이면 면접 중 지원사의 연봉 수준을 되물어보는 것도 희망 연봉을 답변하는 방법이다. 자신의 커리어에 적당한 수준이면 그 정도 수준을 요구하거나 조금 높은 수준으로 제시해도 된다.

3. 노조에 가입하겠느냐?

'노동조합은 회사의 발전과 더불어 직원의 권리를 대변하는 단체다. 따라서 서로 조금씩 양보해서 대화를 통한 화합이 제일이라고 생각된다.' 노사화합을 강조하는 의견을 소신있게 밝히는 것이 나을 듯하다. 요즘은 당당히 가입여부를 밝히기도 한다.

4. 취미가 게임인데 업무시간에도 하고 싶다면?

'전략게임은 업무 기획측면에서 도움이 되는 게임이다' 등 맡은 업무와 직간접적으로 연관이 있음을 강조하는 것이 좋다. 업무와 직접적 연관이 없다면 공과 사를 분명히 구분하는 성격이라고 덧붙인다.

5. 어떤 성향의 부서장과 일하게 되는 것이 좋은가?

조화를 묻는 질문이다. 최근에는 부하 직원이 자기계발을 통한 성장이 가능하도록 멘토링해주는 부서장이 추천받는 시대다. 더불어 독려도 필요하지만 때에 따라 혼낼 줄도 아는 선임자를 원한다는 답변도 괜찮다.

〈부록 2〉

최근의 성장률 및 취업자 수 변화

한국은행과 통계청 자료에 따르면 최근 7년간 취업자 수 증가율은 GDP 성장률의 절반에도 못미치는 수준으로, 한국경제는 고용없는 성장을 계속 해왔다. 또 제조업 등의 채용 인원이 크게 늘지 않아서 노동 시장에서 추가인력의 소요가 그리 크지 않았다.

〈표〉 GDP 성장률 및 취업자 수 변화 추이 (%, 천명)

	2000	2001	2002	2003	2004	2005	2006
GDP 성장률	8.5	3.8	7.0	3.1	4.7	4.2	5.0
취업자 수	21,156	21,572	22,169	22,139	22,856	22,856	23,151
(증가율)	4.3	2.0	2.8	−0.1	1.9	1.3	1.3

자료 : 한국은행 경제통계시스템 (http://ecos.bok.or.kr/),
통계청 통계정보시스템(http://kosis.nso.go.kr/)

최근 한국은 세계적으로 고용률이 낮은 국가로 분류되고 있고, 유휴인력이 과다하다고 평가받고 있다. 이는 특히 선진국에 비해 낮은 수준의 여성 · 청년층 고용률에서 나타난다.

〈표〉 2005년 각국의 고용률 현황 (단위 : %)

	한국	일본	미국	영국	프랑스	한국
전체 고용률	63.7	69.3	71.5	72.6	62.3	65.5
여성 고용률	52.5	58.1	65.6	66.8	56.9	59.6
청년층 고용률	29.9	40.9	53.9	58.1	26.0	42.6

주 : 청년층 고용률은 15~24세 인구의 고용률을 의미
자료 : OECD, Employment Outlook, 2006

리크루트 대표의 '맞춤취업제안'

취업의 기술

초판 1쇄 찍은 날 | 2007년 10월 15일
초판 1쇄 펴낸 날 | 2007년 10월 29일

지은이 | 이정주
디자인 | 임경선
펴낸이 | 임동선
펴낸곳 | 늘푸른소나무

출판등록 | 1997년 11월 3일 제 1-3112호
주 소 | 서울시 마포구 서교동 351-25 유창빌딩 401호
전 화 | (02)3143-6763
팩 스 | (02)3143-6762
이메일 | esonamoo@naver.com

ISBN 978-89-88640-68-5 13320